Die schönsten HIGHWAYS der USA

In Zusammenarbeit mit REISE ride on! MOTORRAD

Bruckmann

Die schönsten HIGHWAYS der USA

REISE MOTORRAD
HARLEY-DAVIDSON
HARLEY DAVIDSON

Inhalt

Unterwegs im Land der unbegrenzten (Fahr-)Möglichkeiten: Es muß nicht schön sein, aber praktisch und bequem sein. Hänger bieten Stauraum satt.

Der Klassiker: *Einmal im Leben muß man das fotogene Monument Valley auf einer Harley durchquert haben (links).*

Der Cop: *Er kann streng und ernst, aber auch fröhlich und freundlich sein (unten). Wie man hineinruft…*

Great Lakes 78

Häufig verkannt – warum nur? Die stillen Wasser der Großen Seen sind tief, tiefblau zumeist. Und um sie herum präsentiert sich das „europäische" Amerika, Siedlungsgeschichte pur.

Südosten 92

Der „Grand Ol' South" lebt noch immer von Klischees und mit Vorurteilen. Der Verzicht auf landschaftliche Grandezza wird von Pracht und Prunk der Südstaaten-Historie ausgeglichen.

Nordosten 108

Der snobistische Teil der USA, Heimat des Geld- und Namensadels. Wirkungsstätte der Freigeister, Geburtsstätte einer Weltmacht. Eine Region, die Geschichte atmet und Geschichte macht.

Übersicht und Register 124

Die große Übersichtskarte und das Orts- und Namensregister helfen bei der Suche nach Bekanntem und Beliebtem: Ausführliche Infos zu allen Bundesstaaten der USA gibt es im beigefügten Tourenbegleiter.

SÜDWESTEN

Ein Blick auf den Pazifik, und Du bist hin: Wenn die Sonne rotglühend am Horizont versinkt, wird selbst den hartgesottensten Bikern mächtig warm ums Herz. Besonders schön präsentiert sich die Küste in Oregon und – wie auf diesem Bild – in Nordkalifornien.

SÜDWESTEN

Die Highways sind ein Hammer: Endlos ziehen sich die Asphaltbänder der Bundesstraßen durch das weite Land. Im Visier den Horizont, im Rückspiegel die gerade Schnur der Fahrbahn. Es soll allerdings Menschen geben, denen all' das nichts bedeutet.

Fruchtbarkeit war das Zauberwort: Wegen der Erzählungen über das „land of milk and honey" machten sich die Siedler auf den mühsamen Weg gen Westen. In saftigen Tälern, wie dem Yakima Valley in Washington State, wurde der Traum zur Realität.

NORDWESTEN

Der Ozean tobt: Wann immer man zur Pazifikküste zurückkehrt, sie wird sich anders präsentieren. Die Brandung nagt stetig am Verlauf der Küstenlinie. Besonders in Oregon ist das gut zu beobachten. Das schafft ein dramatische Steilküste, die ihresgleichen sucht.

NORDWESTEN

MIDWEST

Gemeißelt in Granit: Die Köpfe der vier wichtigsten Präsidenten der USA – Washington, Jefferson, Roosevelt, Lincoln (von links) thronen über den Black Hills in South Dakota. Sie machen den Präriestaat zur Pilgerstatt für Millionen von Besuchern.

MIDWEST

Ein Stück vom Glück: Kansas wurde von der legendären Route 66 lediglich gestreift. Dennoch zeigt man sich hier um das Andenken der historischen Ost-West-Verbindung bemüht. Die ehemalige Bahnstation von Galena beherbergt reichlich Memorabilia.

GREAT LAKES

Wasser, wohin das Auge auch blickt: Am Lake Superior, dem größten der Binnenseen im Norden der USA, verstecken sich prächtige Naturparks wie die Apostle Islands National Lakeshore. Ein Wassersportparadies ist der See zudem – ohne Massenandrang.

GREAT LAKES

Sie überspannt zwei Giganten: Die Mackinaw Bridge macht den Weg frei für Fahrten zwischen dem südlichen Michigan und der „Juupee" (UP), wie die Upper Peninsula genannt wird. Dabei quert sie den Treffpunkt des Lake Michigan mit dem Lake Huron.

SÜDOSTEN

Nur der Starke gewinnt: Das Kräftemessen beim Burn Out in Mississippi mutet archaisch an. Dabei ist ein solches Spektakel ein wunderbares Ventil für die eigenen Agressionen – und eine Art nettes Familientreffen der bikenden Zunft noch dazu.

SÜDOSTEN

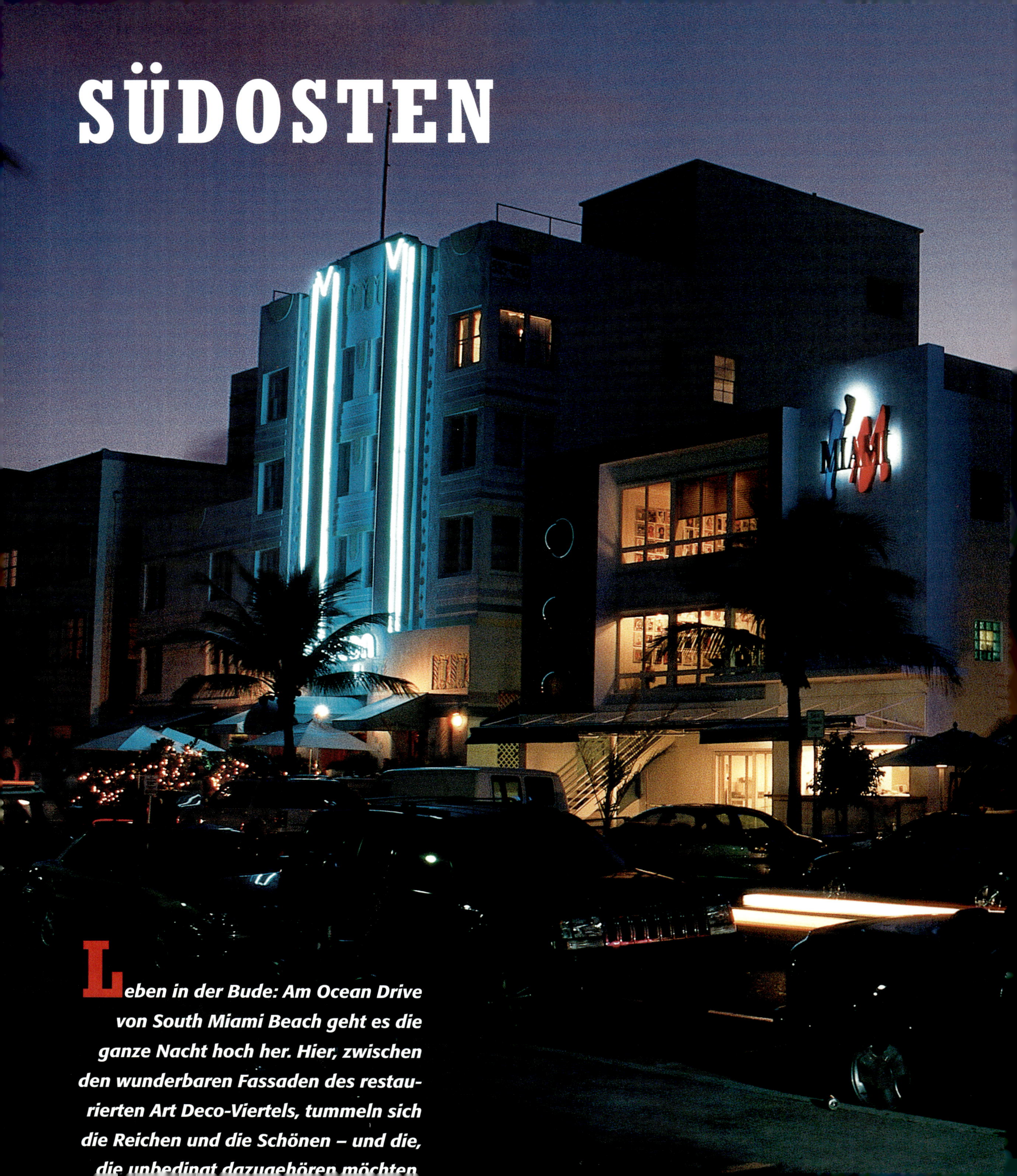

Leben in der Bude: Am Ocean Drive von South Miami Beach geht es die ganze Nacht hoch her. Hier, zwischen den wunderbaren Fassaden des restaurierten Art Deco-Viertels, tummeln sich die Reichen und die Schönen – und die, die unbedingt dazugehören möchten

COLONY
COLONY
HOTEL

NORDOSTEN

Dafür zieht es die Menschen nach New England: kleine, verträumte Buchten, auf denen sich wie zufällige bunte Boote tummeln. Dazu Dörfer und Städte, die in den noch jungen USA schon fast nach Altertum riechen – ein Füllhorn für Geschichtenjäger.

ME 3535 H
KRISTIN ERIN

NORDOSTEN

Welch' großartige Farbenpracht: Zur Herbstlaubfärbung – der „Fall Foliage" – zeigt sich der Nordosten von seiner bunten Seite. Dann sind die sanften Mittelgebirge überzogen mit einem glühenden Teppich – als wollten sie den nahenden Winter vergraulen.

HIGHWAYS

SÜDWESTEN

California, Nevada, Utah, Arizona, Colorado und New Mexico – ab Seite 32

NORDWESTEN

Oregon, Washington, Idaho, Montana, Wyoming, Alaska und Hawaii – ab Seite 48

MIDWEST

North & South Dakota, Iowa, Nebraska, Kansas, Oklahoma and Texas – ab Seite 64

GREAT LAKES

Minnesota, Wisconsin, Ohio, Illinois, Indiana und Michigan – ab Seite 78

SÜDOSTEN

Arkansas, Missouri, Louisiana, Mississippi, Alabama, Tennessee, Kentucky, Virginia, North & South Carolina, Georgia und Florida – ab Seite 92

NORDOSTEN

Maine, Massachusetts, New Hampshire, Vermont, Connecticut, Rhode Island, New York, New Jersey, Delaware, Maryland, West Virginia und Washington, D.C. – ab Seite 108

& BYWAYS

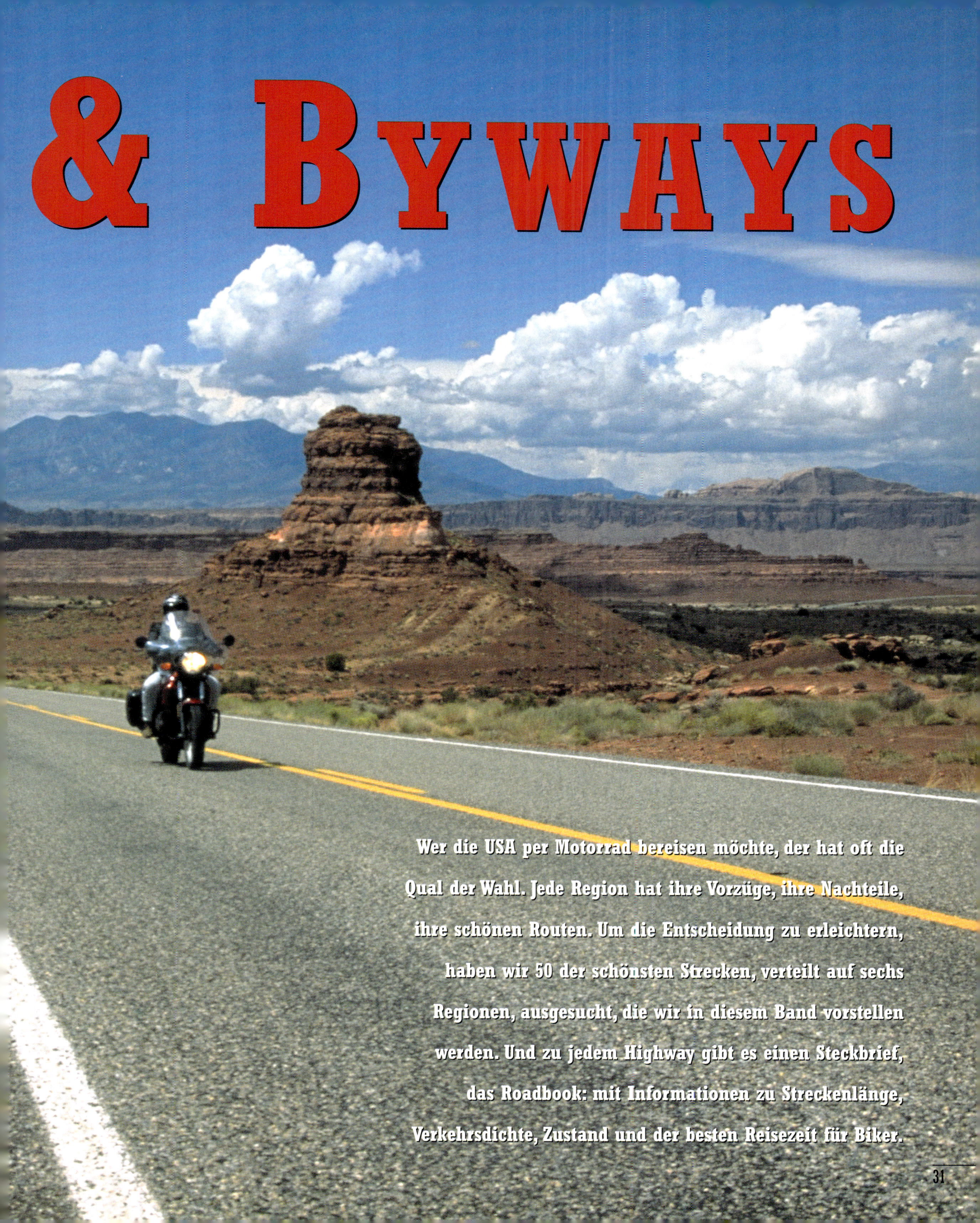

Wer die USA per Motorrad bereisen möchte, der hat oft die Qual der Wahl. Jede Region hat ihre Vorzüge, ihre Nachteile, ihre schönen Routen. Um die Entscheidung zu erleichtern, haben wir 50 der schönsten Strecken, verteilt auf sechs Regionen, ausgesucht, die wir in diesem Band vorstellen werden. Und zu jedem Highway gibt es einen Steckbrief, das Roadbook: mit Informationen zu Streckenlänge, Verkehrsdichte, Zustand und der besten Reisezeit für Biker.

Heisse Piste

Unbekanntes Land: Der Lassen Volcanic National Park gehört zu Nordkaliforniens abgelegenen und wenig frequentierten Naturwundern.

Südwesten

Rot sind die Felsen, weit ist das Land. Ein Trip in den Südwesten der USA ist für viele Erstbesucher der Beginn einer wunderbaren Freundschaft. Daraus erwächst oft der Traum, auch einmal auf zwei Rädern durch „God's own country" zu cruisen.

California, here I come! Kein US-Bundesstaat ist im Ausland beliebter, keiner wird so häufig in einem Atemzug mit Reiseträumen genannt. Das verwundert kaum, denn schließlich waren es schon die Pioniere des vorigen Jahrhunderts, die in California das gelobte Land sahen. Dafür wanderten, ritten oder kutschierten sie 2000 Meilen quer durch den Kontinent, nahmen unfaßbare Strapazen auf sich, setzten sich täglich aufs Neue der Todesgefahr aus. Muß also was dran sein, an diesem Land.

Um wieviel leichter haben wir modernen „Pioniere" es heute, wenn wir California erreichen wollen. Und das wollen wir. Alleine schon wegen des

Pacific Coast Highway

Pacific Coast Highways, der sich nördlich von San Francisco an die Küste schmiegt. Kaum ist man über die Golden Gate Bridge nach Marin County gerollt, kann man sich in den Hügeln der Marin Headlands schon austoben. Eine prächtige Panoramastraße führt vorbei am Muir Woods National Monument, einer kleineren – und jüngeren – Version der Redwoods. Einen Abstecher vom „Number 1" lohnt auch die Point Reyes National Seashore. Der maritime Nationalpark, der die fragile Küste schützt, will allerdings erwandert werden. Motorisiert kommt man hier nicht weit.

Dafür windet sich der Highway in Folge in immer engeren Kehren, vorbei an den tiefen Einschnitten kleiner und kleinster Flußmündungen, gen Norden. In Bodega Bay erinnert noch vieles an Hitchcocks Kultschocker „Die Vögel". Cineasten werden das ein oder andere déjà vu erleben. Zudem beginnt hier eine Reihe von State Parks, die der Öffentlichkeit ungehinderten Zugang zu den Stränden erlaubt.

Dramatisch wird die Küste dann wieder im Salt Point State Park. Da brechen sich die Wellen unter großem Getöse an den Felsen. Der Leuchtturm von Point Arena steht Besuchern offen. Der Blick über die Küste ist den Aufstieg über die 147 Stufen wert.

ROADBOOK 1

Streckenname:
Pacific Coast Highway (California 1)
Streckenlänge/Abstecher:
350 Kilometer ohne Abstecher
Verkehrsdichte/Zustand:
gering/Teilabbrüche an Steilküste
Motorrad-Reisezeit:
ganzjährig, im Sommer häufig Nebel

Das vielbesungene Mendocino ist malerisch, aber etwas überlaufen. Künstler haben dem Ort zu einem gewissen Flair verholfen. Noch mehr allerdings die eigentlichen Gründer, Zuwanderer aus Neu England, die als Holzfäller Beschäftigung fanden. Fans der Kriminalfälle lösenden Schriftstellerin Jessica Fletcher, werden im Elisha Blair House

Kalifornische Vielfalt: Während die Pazifikküste (oben) mit spektakulären Ausblicken lockt, können im Yosemite National Park (rechts) ganz andere Gewässer verzücken. Die Yosemite Falls sind nur einer von vielen Wasserfällen, die besonders im Frühjahr eine Attraktion darstellen.

NEW YORK
13F5460

Loneliest Road in America

(erbaut 1888) sicher das in der TV-Serie angeblich im fiktiven Cabot Cove in Maine stehende Wohnhaus der amerikanischen Miss Marple erkennen.

Fort Bragg ist da deutlich „echter". Ein Arbeiterdorf ohne Allüren, dafür mit guten Übernachtungsmöglichkeiten, bevor sich die Route nach 350 Kilometern bei Leggett dem Ende zuneigt, und der Highway 1 in den vierspurigen US 101 mündet.

Einsamkeit, Dein Name ist Highway 50. Du durchstreifst die USA von Ocean City, Maryland, bis Sacramento, California. Doch nirgendwo bist Du einsamer als hier in Nevada, auf den 560 Kilometern zwischen Ely und Lake Tahoe.

Motorradfahrer sollten jede Gelegenheit zum Tanken wahrnehmen, wollen sie nicht irgendwo im Nichts zwischen den weit auseinanderliegenden Orten stranden. Die vorhandenen Siedlungen sind Überbleibsel einer Zeit, in der entlang des Weges reichlich gebuddelt wurde. Kupfer und vor allem Silber machten Ely, Eureka oder Austin zu Boomtowns, nachdem die Minen erschöpft waren, aber auch schnell zu Doomtowns.

ROADBOOK 2

Streckenname:
Loneliest Road in America (U.S. 50)
Streckenlänge/Abstecher:
560 Kilometer ohne Abstecher
Verkehrsdichte/Zustand:
sehr gering/gut bis befriedigend
Motorrad-Reisezeit:
Frühjahr/Herbst, Sommer zu heiß

Daß sie nicht als Geisterstädte endeten, liegt auch am zart aufkeimenden Tourismus, auf einer Route, die teilweise mit dem historischen Pony Express-Trail deckungsgleich ist. Zu den Überraschungen der Route gehört sicher das gebirgige Gelände, daß man in Nevadas wüstenhaftem Norden kaum vermutet. Doch schlängelt sich der Highway 50 am Austin Summit auf gut 2280 Meter hinauf. Entsprechend faszinierend sind die Ausblicke auf das weite, weitgehend unbesiedelte Land.

Einmal waren es gerade 20 Fahrzeuge, die mir auf dem gesamten Abschnitt begegneten – ein anderes Mal schon einige

Seltsame Begegnungen: In Nevada stehen Esel am Wegesrand des Red Rock State Parks (ganz oben), gleich außerhalb der Glitzerwelt von Las Vegas.

mehr. Besucher sind gerne mit dem „Survival Kit" unterwegs. Wer sich die darin enthaltenen Karten unterwegs abstempeln läßt, erhält am jeweils anderen Ende des Highways ein Zertifikat: „I survived Highway 50". Oder man kauft sich das gleichlautende T-Shirt zum Abenteuer.

Einen Abstecher lohnt Virginia City. Die ehemalige Ghost Town ist für Touristen wieder zum Leben erweckt worden und bietet vielfältige Unterhaltung. Durch Nevadas Hauptstadt Carson City geht es dann zum Lake Tahoe, dem würdigen Abschluß einer denkwürdigen Fahrt. Rund um den See läßt es sich einige Tage aushalten. Die Region hat vor allem Bikern viel zu bieten.

Auf nach Utah! Kein anderer Bundesstaat verfügt über eine derart hohe Dichte an Nationalparks und Landschaftsmonumenten wie der Mormonenstaat. Canyonlands und Arches, Capitol Reef und Zion und vor allem der unwirkliche Bryce Canyon. Die Pfade durch das abwechslungsreiche Gebiet sind allesamt spektakulär – aber keiner ist so atemberaubend wie der Highway 12 von Torrey nach Panguitch.

Die Pfade durch das Gebiet sind allesamt spektakulär – aber keiner ist so atemberaubend wie der Highway 12 von Torrey nach Panguitch.

Schon auf den ersten Kilometern, vorbei am Boulder Mountain, fällt das Farbenspiel zwischen roten Felsen, grünen Tälern und den Espenwäldern auf. Besonders im Herbst, wenn die Blätter an den Bäumen goldgelb im Sonnenlicht glänzen, weiß man der Sinnesflut kaum Herr zu werden. Hier haben sich die Anasazi einst niedergelassen. Hoch oben auf dem Plateau sind die Überreste ihrer Pueblo-Siedlung ausgegraben.

Schmaler und schmaler wird der Grat, über den der Highway führt. Nichts für Zeitgenossen mit Höhenangst. Bei Escalante zweigen etliche Wege von der Hauptstraße ab, die mitten hinein in das Faszinosum aus Klippen, Schluchten und Abgründen führen. Ihre

ROADBOOK 3

Streckenname:
Escalante Highway (Utah Hwy. 12)
Streckenlänge/Abstecher:
260 Kilometer/90 Kilometer
Verkehrsdichte/Zustand:
gering/gut bis befriedigend
Motorrad-Reisezeit:
Mai bis Oktober

In the heat of the ride: Der Zion National Park mit seinen eigenwilligen Felsformationen gleicht im Sommer häufig einem Backofen.

Potzblitz: Im Juli und August sind kurze Gewitter in Arizona, wie hier bei Sedona, keine Seltenheit (oben).

Befahrbarkeit ist aber eingeschränkt; meist sind es Schotterpisten, für die eine Enduro ein geeigneter Untersatz ist.

Höhepunkt am Highway 12 ist der Bryce Canyon Loop, die Rundfahrt durch das wohl eigenwilligste Felsengebiet der USA. Wer in die Canyons hinabsteigt, bleibt nicht lange allein. Wind und Wasser haben derart ungewöhnliche Strukturen geschaffen, daß man hinter jeder zweiten ein versteinertes Geschöpf vermutet.

Einen ähnlichen Anblick bietet sonst nur noch das Cedar Breaks National Monument. Das liegt am Highway 143, einem rund 90 Kilometer langen Abstecher, den man von Panguitch, dem Schlußpunkt des Escalante Highway, leicht erreicht.

Die Hochplateaus des Südwesten lassen einen häufig genug in Höhen von 2000 Metern und mehr reisen, ohne daß man es der Landschaft

Ein Traum in Rot und Grün: Landschaft im Bryce Canyon National Park in Utah.

ansehen würde. Ganz anders in Colorado. Die Trail Ridge Road durch den Rocky Mountain National Park ist die höchstgelegene befahrbare Straße der Vereinigten Staaten.

ROADBOOK 4

Streckenname:
Trail Ridge Road (Colorado Hwy. 36)
Streckenlänge/Abstecher:
180 Kilometer ohne Abstecher
Verkehrsdichte/Zustand:
gering/gut bis befriedigend
Motorrad-Reisezeit:
Ende Juni bis September

Estes Park ist mit seiner touristischen Infrastruktur der geeignete Ausgangspunkt und letzte Versorgungsstop. Im Park gibt es keinen Sprit und keine Übernachtungsmöglichkeiten. Dafür ist er die Heimat für gleich einige Dutzend 4000er. Deshalb bedarf die Durchfahrt auch einiger Vorbereitung – vor allem zur Anpassung des Körpers an die dünne Höhenluft. Gerade Motorradfahrer sollten sich der Gefahr bewußt sein, wenn sie sich ohne hinreichende Gewöhnung auf die Strecke wagen: Ein kurzer Blackout kann hier die schlimmsten Folgen haben!

So unwirtlich die Landschaft schon im Sommer erscheint, so abweisend gibt sie sich im Winter: Stürme erreichen 300 km/h, die Temperatur fällt teilweise unter minus 50 Grad, und Verwehungen sind nicht selten zehn und mehr Meter hoch. Das glaubt jeder, der einen Blick von Aussichtspunkten wie Forest Canyon riskiert hat.

Zwischen Lava Cliffs und dem Alpine Visitor Center schwingt sich der Highway auf seinen höchsten Punkt hinauf: 3714 Meter! Im Westen sind die ganzjährig schneebedeckten Gipfel der passenderweise „Never Summer Mountains" genannten Berge sichtbar. Vom Besucherzentrum geht es zunächst in engen, dann in immer weiteren Kehren wieder in niedere Regionen hinab – falls man die noch weit über 2000 Meter hohe Umgebung überhaupt so nennen darf. Die Route rollt in Richtung Süden aus, vorbei am Shadow Mountain Lake und dem Lake Granby, und findet ihr Ende am Interstate 70.

Hoch hinaus: Colorados Paßstraßen sind die höchsten der USA. Sie führen in eine einsame Bergwelt zwischen 4000er-Gipfeln und hochalpiner Tundra.

Start und Ziel der San Juan Skyway-Rundfahrt ist Durango im Süden Colorados, bekannt auch als Ausgangspunkt der Durango-Silverton Schmalspurbahn. Auf dem Weg nach Silverton über den Highway 550 sind erste Ansichten der San Juan Mountains zu erhaschen – einer Gebirgskette, deren Gipfel etliche Male die 4000 Meter-Marke durchbrechen. Silverton, eine gut erhaltene Bergbaustadt, sollte man

ROADBOOK 5

Streckenname:
San Juan Skyway Loop
Streckenlänge/Abstecher:
370 Kilometer ohne Abstecher
Verkehrsdichte/Zustand:
gering bis mittel/gut bis befriedigend
Motorrad-Reisezeit:
Juni bis September

besuchen, auch wenn sie nicht am zuvor abbiegenden „Million Dollar Highway" liegt, wie der Abschnitt nach Ouray genannt wird. Um die Namensgebung ranken sich natürlich allerlei Legenden, von profan (die Baukosten) bis lyrisch (der Wert ihrer Ausblicke). Auf jeden Fall erreicht die Straße am Red Mountain Pass 3358 Meter und damit eine stolze Höhe, bevor sie kurvenreich nach Ouray abfällt.

In Ridgway zweigt der Highway 62 ab, der über den Dallas Divide führt und in Placerville auf den Highway 145 trifft. Der bringt uns nach Telluride, dem IN-Ort der Colorado Rockies. Das ist nicht erst seit heute so. Schon Butch Cassidy begann mit einem Bankraub seine kurze, aber spannende Karriere in Telluride.

Weiter geht es gen Süden, vorbei an einer stets spektakulären Szenerie, nur hin und wieder unterbrochen von wenigen Orten, die sich präsentieren wie zu ihrer Entstehung vor rund 100 Jahren. Bei Cortez ist es der Highway 160, der wieder Richtung Durango lockt. Ein Abstecher lohnt aber noch: in den Mesa Verde National Park, wo die berühmten Klippenstädte der Anasazi stehen.

Das Land der Navajo, Four Corners Country, wo die Grenzen von Arizona, Utah, Colorado und New Mexico sich treffen. Der berühmteste Flecken Erde, wenn es um den Wilden Westen geht: das Monument Valley. Auf halbem Weg vom Grand zum Glen Canyon zweigt der Highway 160 ab. Über die Hochebene der Black Mesa führt er zum Highway 163, der ins Tal der Monumente geleitet. Angesichts der Szenerie ist es kaum verwunderlich, daß hier fast alles, was mit Natur zu tun hat, den Indianern irgendwie heilig war. Jeder Felsen hat eine Bedeutung, jeder Monolith steht für spirituelles Wissen. Dennoch war es mit John Ford ausgerechnet ein Hollywood-Regisseur, der das Tal zum Superstar machte. Stagecoach, Fort Apache oder Rio Grande – er hat hier so viele Filme gedreht, daß wir uns heute hier bewegen, als wäre es unser Zuhause. Hinter jeder Ecke lauert John Wayne oder später Clint Eastwood.

ROADBOOK 6

Streckenname:
Monument Valley Trail (U.S. 160/163)
Streckenlänge/Abstecher:
420 Kilometer ohne Abstecher
Verkehrsdichte/Zustand:
mittel/befriedigend
Motorrad-Reisezeit:
Mai bis Oktober

Dabei gibt es so zahlreiche indianische Spuren zu betrachten, daß der Kinorummel nicht mehr von Bedeutung sein sollte. Die Anasazi waren hier angesiedelt, später die Navajo. Und alle haben dem Land der roten Felsen ihren Stempel aufgedrückt.

Mexican Hat begrüßt seine Gäste mit diesem seltsamen Felsen, der wirklich aussieht, wie ein Mann mit Sombrero während der Siesta. Wenig später steht man vor den Windungen des San Juan Rivers, den Goosenecks. Vor der mit Abstand grandiosesten Aussicht des gesamten Südwestens, dem Blick vom Muley Point über die ganze Pracht der tiefen Furchen und spitzen Felsnadeln, steht aber die Auffahrt zur Cedar Mesa: 180-Grad-Kehren und zehnprozentige Steigung und das alles auf Schotter. Und wer oben war, muß auch wieder hinab! Für die Schrecken entschädigt zum einen der Anblick, zum anderen das später folgende Valley of the Gods, bei dem es ebenfalls keine Frage ist, wie der Name entstand. Und zum Abschluß darf sich erhaben fühlen, wer am Four Corners Monument seinen Fuß einmal in vier Bundesstaaten gleichzeitig stehen hatte.

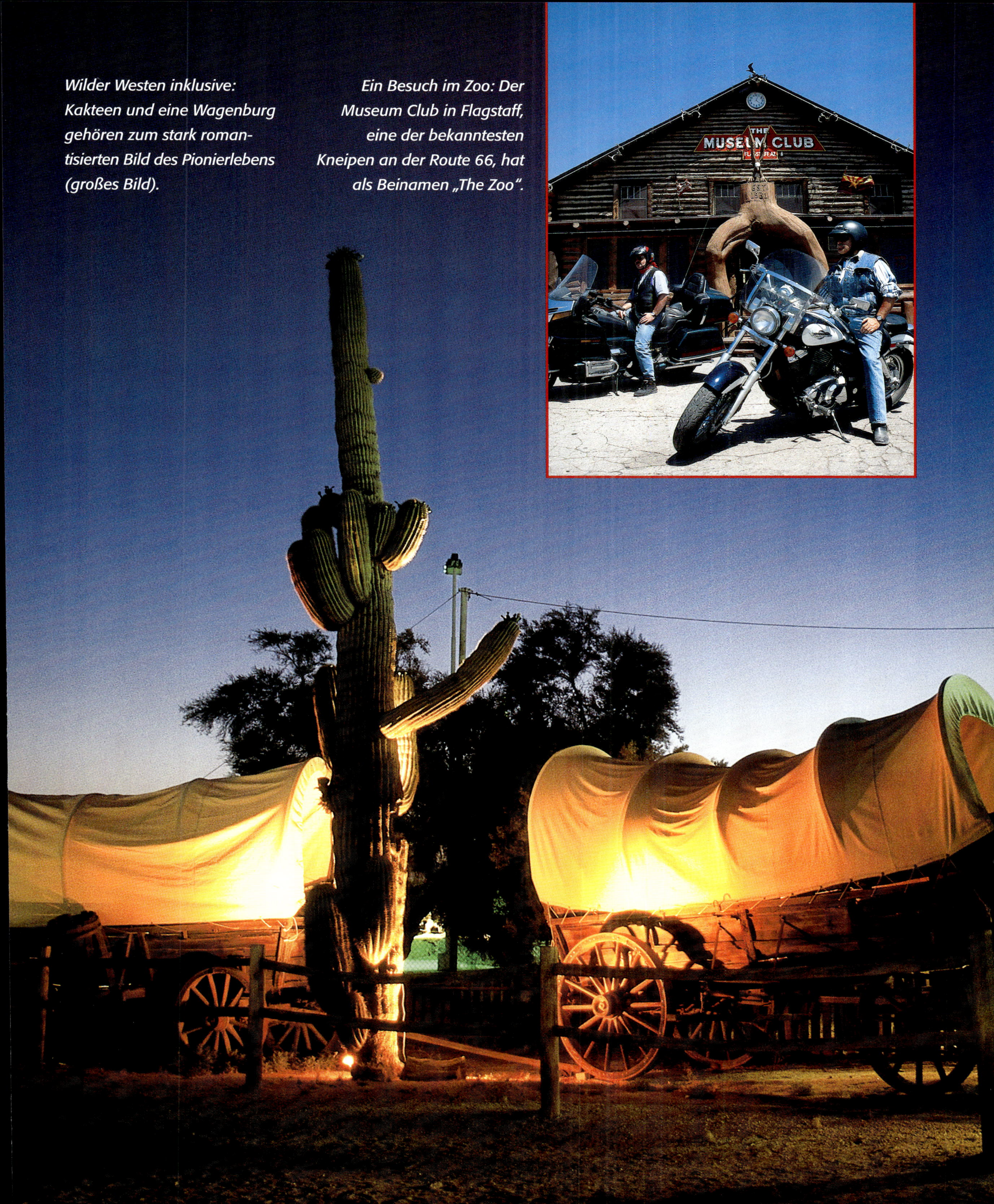

Wilder Westen inklusive: Kakteen und eine Wagenburg gehören zum stark romantisierten Bild des Pionierlebens (großes Bild).

Ein Besuch im Zoo: Der Museum Club in Flagstaff, eine der bekanntesten Kneipen an der Route 66, hat als Beinamen „The Zoo".

Red Rock Road

Wo im Südwesten Berge stehen, ist fast immer auch gebuddelt worden: nach Erzen, Kupfer, Blei, Silber und Gold. So auch im Red Rock Country von Arizona zwischen Prescott und Flagstaff. Der Highway 89A führt durch das einst reiche Gebiet. Ghost Towns wie Jerome sind in jüngster Zeit wieder zu Ehren gekommen, seitdem Amerikaner sich für ihre eigene, kurze Geschichte interessieren und auch Europäer mehr entdecken möchte als nur Kaliforniens Pazifikküste oder die Sonnenstrände Floridas.

So windet sich die Route über die geschundenen Berge, denen man den Raubbau deutlich ansieht. Manchmal hat aber auch die Natur selbst für ganz eigenwillige Erscheinungen gesorgt. Da liegen dann riesige Felsen verstreut wie bei einem Würfelspiel der Giganten in Tälern herum und fallen zwangsläufig durch das Grün der Umgebung ins Auge.

Einen Blick auf Sedona, das gesamte Red Rock Country und die umliegenden Berge genießt man am besten von Schnebly Hill Vista, wenngleich man auch hierfür acht Kilometer Schotter unter die Räder nehmen muß. Vom esoterischen Sedona aus windet sich die Hauptstraße durch den malerischen Oak Creek Canyon. Zu einem erfrischenden wie aufregenden Bad in den Fluten lädt der Slide Rock State Park, bevor es dann steil und kurvenreich hinauf nach Flagstaff geht.

ROADBOOK 7

Streckenname:
Red Rock Road (U.S. 89A)
Streckenlänge/Abstecher:
130 Kilometer ohne Abstecher
Verkehrsdichte/Zustand:
gering/gut
Motorrad-Reisezeit:
Mai bis September

Gut gesichert: Die Klippensiedlungen der Anasazi, wie hier Mesa Verde in Colorado, sind im Südwesten häufig zu finden. Sie sind Zeugnis einer hochentwickelten Kultur (großes Bild).
Auf den Hund gekommen: Der flinke Vierbeiner genießt offensichtlich seine komfortable Fahrposition (unten).

S. Francisco de Asis

Südwestlich von Santa Fé folgen die Highways 44 und 4 dem Jemez River nach Norden – und dabei nach oben. Innerhalb weniger Meilen unternimmt die Landschaft eine dramatische Wandlung: von der trockenen, felsigen Ebene hin zu sattgrünen Wäldern. Das vulkanische Erbe ist auch heute noch sichtbar. Rund um Jemez Springs blubbert und brodelt es. Heiße Quellen erinnern an die geothermale Tätigkeit unter der dünnen Erdkruste.

Windung um Windung folgt der Highway dem natürlichen Verlauf des Canyons. Der Wald wird immer dichter, nur , um mit einem Mal, wie von Geisterhand entfernt, zu verschwinden und den Blick auf das weite, fruchtbare Valle Grande freizugeben. Ein Großteil der Region ist allerdings Sperrgebiet. Hier stehen das Los Alamos Laboratory, in dem die Weltmacht USA zum Ende des II. Weltkriegs die Atombombe entwickeln ließ.

Eine traditionelle Bauweise: Ganz im Pueblo-Stil der Anasazi-Indianer präsentieren sich noch heute viele Bauwerke New Mexicos (links).

Scharfe Sachen: Die Küche New Mexicos hat sich dem Klima angepaßt. Hitze wird durch gut gewürztes Essen erst erträglich (rechts).

Am White Rock Overlook ist ein Blick auf den Rio Grande fällig. 230 Meter tiefer strömt er mit Getöse über Stromschnellen, wobei seine weißen Schaumkronen einen starken Kontrast zu den dunklen Hängen des Tals bilden. Bei Española ist der Highway 84 erreicht. Das ihn umgebende Land hat vor allem die Ma erin Georgia O'Keeffe in zahlreichen Werken verewigt. Besonders die Gegend um Abiquiu. Das wundert kaum, wenn man die Farbenpracht der Felsen betrachtet: leuchtend in allen Braun- und Beigetönen, säuberlich getrennt durch weiße Streifen. Nach dem Echo Amphitheater, einem von Wind und Wetter ausgewaschenen Felsen, ro lt die Route nach Tierra Amarillo hin aus.

ROADBOOK 8

Streckenname:
Jemez Mountain Trail
Streckenlänge/Abstecher:
275 Kilometer ohne Abstecher
Verkehrsdichte/Zustand:
gering/befriedigend
Motorrad-Reisezeit:
Mai bis Oktober

Ziel mit Zukunft

Des Nordwestens ganze Pracht: Es liegt schon eine besondere Stimmung über den kleinen Seen am Cascade Lakes Highway. Und über allem thront Mount Bachelor.

Nordwesten

Der Pazifische Nordwesten der USA zählt zu den Zielgebieten mit den höchsten Zuwachsraten. Kein Wunder, denn die Gegend ist in. Von den großen Metropolen Seattle und Portland gehen viele Impulse aus; das Hinterland weiß mit Vielfalt und Pracht zu verzücken.

Ein perfekter Einstieg in den Nordwesten ist eine Runde um den und im Olympic National Park in Washington. Ein geeigneter Ausgangsort dafür ist die Staatshauptstadt Olympia; hier beginnt auch der berühmte Highway 101.

Der Nationalpark liegt auf einer Halbinsel, umgeben vom Pazifik im Westen, der Juan de Fuca Straße im Norden und dem Puget Sound im Osten. Von Süden kommend, beginnt der Trip recht undramatisch. Erst ab Potlatch kommt Stimmung auf. Dann geht es für 50 Kilometer den Hood Canal entlang, einen Nebenarm des Puget Sound. Hier gibt es zahlreiche schöne Picknickplätze. Ein Fläschchen Schampus im Topcase wäre

Für Schmecklecker: Überall an Washingtons Gestaden kann man frische Austern genießen. Wer den Genuß aber nicht abwarten kann, vertilgt sie direkt an Ort und Stelle.

jetzt von Vorteil, denn die Muscheln und Austern, die man mit einer Tageslizenz hier selbst „pflücken" kann, sind äußerst delikat.

Ein kurze, aber steile und dazu geschotterte Stichstraße führt auf den Mount Walker. Die beiden Aussichtspunkte in über 900 Metern Höhe geben den Blick frei auf ein Gebiet, das zehnmal so groß wie das Saarland ist. Das Panorama der Olympic Mountains, der weitläufige Puget Sound und das Küstengebirge breiten sich vor dem Betrachter aus – dazu die Skyline von Seattle und der entfernte Mount Rainier.

ROADBOOK 9

Streckenname:
Olympic Loop (U.S. 101)
Streckenlänge/Abstecher:
480 Kilometer/120 Kilometer
Verkehrsdichte/Zustand:
mittel/gut
Motorrad-Reisezeit:
April bis Oktober

Der Highway schmiegt sich in manchmal wilden, manchmal weichen Kurven dem Verlauf der Küste an. Bei Port Angeles schlägt sich die Hurricane Ridge Road ins Gelände – von fast Normal Null auf rund 1500 Meter in 27 Kilometern. Auch hier ist es die fantastische Aussicht, die den Abstecher lohnt.

Der 101 verläßt nun die Küste. Wer näher am Wasser bleiben und die immer wieder auftauchenden Aussichten nicht verpassen möchte, der folgt dem Highway 112 und später dem 113er zurück zum 101. Ein weiteres Muß ist der 27 Kilometer lange Trip zum Hoh Rain Forest, dem nördlichsten Regenwald der Welt. Es hat schon etwas Mystisches, unter den mit Moosgirlanden behangenen Bäumen entlangzuschlendern. Für eine solche Natur nimmt man selbst als Biker gerne in Kauf, daß es einiger Wassermenge bedarf, sie zu erzeugen und zu erhalten. In diesem Falle sind es durchschnittliche 355 Zentimeter milder, pazifischer Ergüsse pro Jahr. Vorbei am Lake Quinault mit seiner grandiosen Lodge findet der Trip im von Holzwirtschaft geprägten Hoquiam an der Grays Harbor-Bucht sein Ende.

Mount Rainier Parkway

Sein Gipfel erhebt sich auf über 4392 Meter in den Himmel, die Spitze ist ganzjährig schneebedeckt: der Mount Rainier, Washingtons höchster Berg und mithin das Wahrzeichen des Staates. Wer sich dem Felsgiganten vom Interstate 5 aus nähert, genießt auch noch den Blick auf die vulkanischen Kaskadenbrüder Mount Adams und Mount St. Helens.

Die Einfahrt zum Park ist noch in der Ebene. Erst langsam windet sich die Straße die Hänge hinauf, überwindet die ersten Vorberge, und gibt immer wieder den Blick auf „seine Majestät" frei. Irgendwann macht der dichte Nadelwald hochalpiner Flora Platz. Ein Höhepunkt ist Paradise, ein Namen, den Besucher dem magischen Ort gaben. Von hier aus führen verschiedene Wanderwege tief ins Herz des Parks. Immer wieder stehen am Wegesrand Parkplätze zur Verfügung, von denen aus Trails in die Wildnis führen. Am Grove of the Patriarchs etwa, wo über 1000 Jahre alte Bäume kaum einen Sonnenstrahl durchlassen.

ROADBOOK 10

Streckenname:
Mount Rainier Parkway
Streckenlänge/Abstecher:
350 Kilometer ohne Abstecher
Verkehrsdichte/Zustand:
mittel bis hoch/häufige Baustellen
Motorrad-Reisezeit:
Sommer und früher Herbst

Das Finale erwartet einen aber am Sunrise Point. Der höchste, über eine kurvenreiche Sackgasse erreichbare Punkt eröffnet ein Feuerwerk an Ausblicken, von denen der auf den Emmons Gletscher und auf die Kaskadengipfel geradezu überwältigend ist. Über den Mather Memorial Parkway gleitet die Route sanft zurück in niedere Gefilde, führt durch endlose Apfelplantagen, deren Produkte am Wegesrand zum Verkauf stehen, und endet schließlich in Yakima, dem Ausgangsort für Washingtons Wine Country.

Ein ganz anderes Erlebnis als die hohen Gipfel der majestätischen Cascades ist eine Fahrt über die Columbia River Road. Der große Fluß, meist breit und träge vor sich hinfließend, hat seine Tücken und seine Überraschungen. Die Wahl, zu welcher Seite des Stroms man reisen soll, fällt nicht leicht. Am Oregon-Ufer stört, daß der Highway zum

Mächtige Majestät: Rund um den Mount Rainier, Washingtons höchsten Berg, entfaltet sich ein hochalpines Wunderland.

Interstate verkommen ist, mithin zur vielbefahrenen Autobahn. Dafür sind Naturschauspiele wie die über 70 Wasserfälle entlang des Wegs ein guter Ausgleich zur tristen Fahrerei.

Mehr Spaß macht er aber sichtlich in Washington. Schon die Streckenführung läßt Freude aufkommen: Jede Biegung, die der Fluß gewaschen hat, wird nachvollzogen. Außerdem sind die Aus- und Ansichten von dieser Seite aus noch schöner, alleine schon, weil der prächtige Mount Hood, Oregons Gletscherberg, über vielen Panoramen thront.

Trotzdem sollte man es nicht unterlassen, ab und an die Seiten zu wechseln. Denn wo das möglich ist, wartet bereits eine Brücke, deren Anblick und Befahrung schon den Umweg lohnt. Die Bridge of the Gods etwa, die zu den Cascade Locks, den alten Schleusen, hinüberführt. Oder auch die Brücke, die einen Weg von Hood River in Oregon nach Bingen in Washington schlägt. Nicht von ungefähr kam dieser Ortsname zustande. In weiten Teilen meint man tatsächlich, im Columbia River den alten Vater Rhein vor sich zu haben.

Doch damit der Kuriositäten nicht genug. Am östlichen Ende, da wo die wegen ihrer Fallwinde von speedbegeisterten Surfern geschätzte Schlucht sich verbreitert und schließlich gänzlich in ein weites, nur sanft ansteigendes Becken übergeht, steht das Maryhill Museum of Art. Erbaut im Stil eines französischen Palastes, beherbergt es eine umfangreiche Kunstsammlung mit Werken von Rodin und zahlreichen anderen, meist europäischen Meistern. Erbauer Sam Hill, ein zu Reichtum gelangter „Häuslebauer", ist außerdem noch für die seltsamste Erscheinung entlang des Columbia Rivers verantwortlich. Für die im Ersten Weltkrieg im fernen Europa kämpfenden Washingtonians ließ er eine originalgetreue Replika von Stonehenge errichten – hoch über dem Fluß, mit einem wunderbaren Blick auf die Columbia River Gorge.

ROADBOOK 11

Streckenname:
Columbia River Road (WA 14)
Streckenlänge/Abstecher:
230 Kilometer ohne Abstecher
Verkehrsdichte/Zustand:
mittel bis hoch/gut
Motorrad-Reisezeit:
ganzjährig, im Sommer sehr heiß

Rustikales Hinterland: Winthrop, in der Nähe des North Cascades Nationalparks gelegen, ist noch in der Ursprünglichkeit seiner Gründerzeit verblieben.

Vom Fluß zum Meer. Dort, wo der Columbia River sich in einem gigantischen Delta in den Pazifik ergießt, wo mit der Astoria Bridge eine der schönsten und größten Stahlbrücken Nordamerikas steht, da beginnt auch der Oregon Coast Highway, das mit Abstand schönste Stück der pazifischen Küstenstraße zwischen Kanada und Mexiko. Wer einmal die rund 650 Kilometer von Astoria bis zur kalifornischen Grenze gefahren ist, kehrt als ein anderer Mensch heim.

Oregon Coast Highway

Dabei sind es weniger die Szenerie oder der Streckenverlauf und erst recht nicht die im Sommer oft von Nebel gebeutelten Strände. Es ist vielmehr das Gefühl, das auch Lewis und Clarke am Ende ihrer langen Reise durch den Kontinent beim Anblick des Pazifik hatten: ein Gefühl unbeschreiblichen Glücks beim Anblick der Gestade. Ein Gefühl, irgendwie an einem imaginären, oder vielleicht sogar einem realen Ziel angelangt zu sein.

Es ist das Gefühl, das auch Lewis und Clark am Ende ihrer langen Reise hatten: ein Gefühl unbeschreiblichen Glücks beim Anblick der Gestade.

Im Verlauf der Strecke ist es diese besondere Mischung aus sandigen, versteckten „Piratenbuchten", dann wieder steil abfallender Felsenküste und dazwischen vereinzelt anzutreffenden Siedlungen, die den Reiz der Route ausmachen. Eine Besonderheit in Oregon: Fast die gesamte Küste steht in Dutzenden von State Parks unter Naturschutz, damit aber auch zur öffentlichen Nutzung bereit.

ROADBOOK 12

Streckenname:
Oregon Coast Highway (U.S. 101)
Streckenlänge/Abstecher:
650 Kilometer ohne Abstecher
Verkehrsdichte/Zustand:
mittel bis hoch/gut bis befriedigend
Motorrad-Reisezeit:
Frühjahr und Herbst

Attraktionen gibt es reichlich. In Tillamook steht die County Creamery Besuchern zur Besichtigung offen. Ein Rundgang durch die Fabrik gibt Einblick in die Tradition des Käsemachens, im angrenzenden Shop kann man sich für ein kalorienreiches und schmackhaftes Picknick eindecken. Viele der kleinen Orte verfügen über malerische Häfen, die heute nur selten echte Fischereihäfen sind, wie etwa der in Newport. Hier befindet sich auch das Newport Bay Aquarium. Von den meisten anderen Häfen aus stechen entweder Freizeitkapitäne zum Abenteuer Pazifik in See oder bugsieren Touristendampfer ihre neugierige Fracht zum „whale watching" aufs Meer.

Auf etwa halber Strecke lauern die Sea Lion Caves, Grotten, in denen sich gleich Horden der faulen Vielfraße niedergelassen haben. Nur wenige Meilen weiter beginnt mit der Oregon Dunes National Recreation Area eine weitläufige Dünenlandschaft, die an speziell ausgewiesenen Stellen gerne als Abenteuerspielplatz genutzt wird. Da knattern und donnern ATVs oder Dune Buggies durch den Sand, stürzen sich Wagemutige immer aufs Neue von den Dünenkämmen hinab. Ein Heidenspaß!

Auch die Leuchttürme sind eine Attraktion für sich, Heceta Head etwa oder das Umpqua Lighthouse. Und immer wieder diese Buchten, diese Felsen, dieses Meer! Wenn die Brandung tost, der Wind um die Nase bläst, der V 2 unter einem blubbert, dann wird der Oregon Coast Highway zur legalen Droge, Motorradfahren auf ihm zum Rausch ohne Reue.

Ruhiger und zurückhaltender präsentiert sich da schon der Cascade Lakes Byway im zentralen Oregon. Bend, das rapide wachsende Zentrum inmitten der Hochwüstenlandschaft, ist Start und Ziel für diese Runde. Zunächst geht es über den immergeraden Highway 97 in die vulkanische Vergangenheit der Region. Zum Lava Butte, einem Teil des Newberry National Volcanic Monument, gelangt man nur in ausrangierten Schulbussen hinauf. Vom Kraterrand aus genießt man einen wunderbaren

Weiße Aussichten am Crater Lake: Ein harter Winter hinterläßt seine Spuren oft bis weit in den Sommer hinein. So kann selbst Anfang Juli noch massig Schnee an den Straßenrändern liegen.

George Parks Highway

ROADBOOK 13

Streckenname: Cascade Lakes Byway
Streckenlänge/Abstecher: 210 Kilometer ohne Abstecher
Verkehrsdichte/Zustand: gering/gut bis befriedigend
Motorrad-Reisezeit: Ende Juni bis Anfang Oktober

Weitblick über mehr als 20 000 Hektar Lavagestein, auf dessen schwarz schimmernder Oberfläche sich grüne Nadelbäume wie Störenfriede ausmachen.

Weiter südlich führt eine Stichstraße zum eigentlichen Verursacher dieser Verwüstung, dem Newberry Crater. Wer den Trip um eine Attraktion erweitern möchte, der muß sich rund 100 Kilometer nach Süden bis zum Crater Lake National Park treiben lassen. Ansonsten lockt der Highway 43 zu den ersten der Cascade Lakes, die der Route ihren Namen gaben. Wer dann von Süden nach Norden und später in östlicher Richtung nach Bend zurückrollt, dem eröffnen sich immer wieder atemberaubende Ansichten tiefblauer Seen, in denen sich das schneebedeckte Antlitz des Mount Bachelor oder der Three Sisters und des Broken Top spiegelt. Auf den Mount Bachelor führt auch im Sommer eine Seilbahn. Zum Abschluß lohnt der Rundumblick bis hinein nach Washington auf jeden Fall den Zeitaufwand.

Für Motorradfahrer ist es ein unwirtliches Land: Alaska, mit seinen kurzen Sommern und langen Wintern. Gerade mal acht bis zehn Wochen pro Jahr bleiben realistischerweise, um eine der einsamsten, gleichzeitig betörendsten Landschaften Nordamerikas zu genießen. Wer es länger versucht, läuft Gefahr, von späten Winterausläufern oder frühzeitigem Winterausbruch überrascht zu werden.

Gleich zu Beginn der Tour, nördlich von Anchorage noch auf dem Alaska Highway 1, kommen die extremen Gegensätze der Region zu Bewußtsein. Mit über 19 StundenTageslicht gedeihen im kurzen Alaska-Sommer, allen Widrigkeiten zum Trotz, rekordverdächtige Obst- und Gemüseerträge. Radieschen in Tennisball-Größe und Kohlköpfe mit 35 Kilo Gewicht sind keine Seltenheit.

Für einige Zeit folgt der Highway dem Susitna River. Angesichts der zahllosen Naturwunder fallen einem die kleinen „hausgemachten" Besonderheiten kaum auf. Eine ist die Brücke über den Hurricane Gulch, die erst 1971 entstand und ein Meisterstück der

ROADBOOK 14

Streckenname: George Parks Highway (Alaska 3)
Streckenlänge/Abstecher: 580 Kilometer ohne Abstecher
Verkehrsdichte/Zustand: gering/mäßig, Schotter
Motorrad-Reisezeit: Juli und August

Lehrreich: Die Geschichte des Oregon Trails, von Lewis und Clark und Johann Jakob Astor, dem Namensgeber der Stadt, erzählt die Säule hoch über Astoria (linke Seite). Auch am Columbia River finden sich viele Hinweise auf die Historie der Region (rechts).

Ingenieurkunst ist. Dann windet sich der Weg zum Broad Pass hinauf, der die monumentale Alaska Range, Teil der kontinentalen Wasserscheide, in zwei Hälften schneidet. Höhepunkt, und sicher mehrere Tage Aufenthalt auf dem Weg nach Fairbanks wert, ist der Denali National Park, die grandiose Heimat des Mount McKinley, mit 6193 Metern höchster Berg Nordamerikas. Was ihn noch mächtiger aussehen läßt, ist seine einsame Größe. Er streckt sich mehr als 4500 Meter über das umliegende Land – da kann selbst der Everest nicht mithalten. Wer im Park nächtigen möchte, sollte allerdings im voraus reservieren. Die kurze Sommersaison ist auf den Campgrounds schnell ausgebucht.

Die Flüsse Nenana und Tanana sind treue Begleiter auf dem letzten Stück nach Fairbanks. Dort bietet der Campus der Universität von Alaska einen letzten Blick auf den weißen Riesen Mount McKinley – in rund 270 Kilometern Entfernung!

Motorradfahren auf Hawaii? Aber sicher, auch hier gibt es Vermieter. Mit dem Aloha Loop auf Big Island, wie die größte der Inseln gerne genannt wird, gibt es auch die passende Strecke dazu.

Der Ausgangspunkt, Hilo, rühmt sich allerdings, die feuchteste Stadt der USA zu sein: mit über drei Metern Niederschlag pro Jahr. Dafür ist es aber auch eine botanische Fundgrube. Wenigstens ein Trost. Die Route besteht aus einer guten Mischung von landschaftlichen Höhepunkten, wie etwa den 135 Meter in die Tiefe stürzenden Akaka Falls oder der Kona Coast, und Anlaufstellen zur interessanten Geschichte der Inseln, wie den Historical Parks und Sites, in denen man viel Wissenswertes über Leben und Kultur auf den Inseln erfährt.

ROADBOOK 15

Streckenname:
Aloha Loop (Hawaii 11/19)
Streckenlänge/Abstecher:
360 Kilometer ohne Abstecher
Verkehrsdichte/Zustand:
mittel bis hoch/befriedigend
Motorrad-Reisezeit:
ganzjährig, tropisches Klima

Yellowstone-Teton Trail

Das lohnenswerteste Ziel aber ist sicher der Hawaii Volcanoes National Park. Big Island wächst seit 1986, dem Beginn erneuter vulkanischer Aktivität, jährlich um einige Hektar. An vielen Stellen schiebt sich die Lavamasse aus dem Erdreich Richtung Küste, um dort unter Dampfen und Zischen im Wasser des Pazifik zu erstarren. Dieses Schauspiel läßt sich beliebig oft beobachten und ist doch immer wieder anders. Eine Abwechslung, die den Trip ans „Ende der Welt" sicher rechtfertigt.

Zurück aufs Festland. Auf in den Wilden Westen, nach Jackson Hole in Wyoming. Vom stetig populärer werdenden Ganzjahres-Ferienort aus lassen sich die Nationalparks Grand Teton und Yellowstone durchstreifen. Einen guten Überblick verschafft man sich am besten bei einer Fahrt mit der Seilbahn auf den 3185 Meter hohen Rendezvous Peak. Zwei Wege führen weiter Richtung Norden: Die kürzere Strecke macht Halt am Snake River Overlook mit dem grandiosen Panorama der Grand Tetons über dem sich durchs Tal windenden Fluß. Die Alternative führt näher vorbei an den bis fast 4200 Meter hohen Bergen und besticht noch dazu durch fahrerische Freuden.

Gleich hinter dem Jackson Lake geht es dann ab Richtung Yellowstone. Die Büffel warten schon. Nachdem sie fast ausgerottet waren, ziehen heute wieder größere Horden des massigen Grasfressers übers Land. Vor allem im Nationalpark haben sie ein neues, geschütztes Zuhause gefunden. Am besten sind sie an den weiten Grasflächen der

ROADBOOK 16

Streckenname: Yellowstone-Teton Trail
Streckenlänge/Abstecher: 370 Kilometer ohne Abstecher
Verkehrsdichte/Zustand: mittel bis hoch/befriedigend
Motorrad-Reisezeit: Juni bis September

Cowboy-Country: Wyomings Westen ist wirklich wild. Davon zeugen nicht nur die großen Rinderherden in den heißen Tälern. Auch der tägliche Shoot-Out in Jackson Hole ist eine Hommage an die glorifizierte Vergangenheit der Viehtreiber.

Petri Heil am Jackson Lake: Die Binnengewässer des amerikanischen Nordwestens zählen zu den fischreichsten der Welt. Wer hier nichts fängt, ist selber schuld.

Hochebene zu beobachten. Nur Abstand sollte man von ihnen halten. Wenn so ein schnaubender Eintonner erstmal in Fahrt kommt, ist alles zu spät.

In West Thumb am Yellowstone Lake schlägt man sich logistisch sinnvoll zunächst nach Westen. Erste der so überaus zahlreichen Attraktionen im Yellowstone ist der Old Faithful, der prächtigste Geysir des Parks. Die angeschlagenen Uhrzeiten bis

zum nächsten Ausbruch sollte man aber nicht so penibel nehmen. Es hat schon Leute gegeben, die sich über eine Verspätung beschwert haben: „He's late!" Ja, und? Vielleicht Geld zurück?

Auch im weiteren Verlauf der Runde durch den Park zischt und brodelt es an allen Ecken und Kanten. Schlammbecken blubbern vor sich hin, heißes Mineralwasser tröpfelt Kalkterrassen hinunter. Vom großen Brand sind noch immer Spuren zu entdecken, aber so langsam erholt sich die Natur. Selbst die Straße hat Höhepunkte aufzuweisen, etwa das kurvenreiche Auf und Ab zum Steamboat Geyser oder vorbei am Roaring Mountain. Die 2700 Meter des Dunraven Pass sind natürlich auch nicht zu verachten. Da befindet man sich dann schon wieder auf dem Rückweg – oder auf der Weiterfahrt nach Cody, dem beliebtesten Gateway des Yellowstone.

Der Salmon River war es, den Marilyn Monroe in „Fluß ohne Wiederkehr" per Floß befuhr. Seine Stromschnellen sind noch heute reizvoll.

Missoula, Montana. Kreisstadt am nördlichen Ende der Bitterroot Range, einer der zahlreichen Gebirgsketten der Rocky Mountains. Gen Süden rollt sich der Highway 93 vor einem aus. Bei Lolo stößt man, wie so häufig im Nordwesten, auf Spuren von Lewis und Clark. Hier hatten sie eine ihrer Stationen für Hin- und Rücktour ihres Trails aufgeschlagen, wovon man sich noch heute in der Travelers Rest Historic Site überzeugen kann.

ROADBOOK 17

Streckenname:
Salmon-Bitterroot-Road (U.S. 93)
Streckenlänge/Abstecher:
400 Kilometer ohne Abstecher
Verkehrsdichte/Zustand:
gering bis mittel/gut
Motorrad-Reisezeit:
Juni bis September

Die Bitterroot-Berge bleiben der Begleiter am westlichen Horizont. Erst wenn ihr höchster Gipfel, der knapp 3100 Meter hohe Trapper Peak, ins Blickfeld rückt, kündigt sich auch ihr Ende an. Dann übernimmt aber schon bald der Salmon River die Rolle als natürliches Leitwerk. Dieses Gewässer war es, das Marilyn Monroe in „Fluß ohne Wiederkehr" per Floß befuhr. Seine Stromschnellen sind noch heute reizvoll genug, an diversen Stellen, die Rafts zu

Gelassenheit bestimmt das Leben: So sanft sich der Highway zum Yellowstone Park schwingt, so beruhigend ist seine Wirkung auf Motorradfahrer (linke Seite). Entspannung findet man notfalls auch auf der Veranda eines verlassenen Gebäudes in Montanas Geisterstädten. (rechts).

Wasser zu lassen, mit denen die modernen Abenteurer die Gischt besiegen wollen.

Nördlich von Sunbeam liegen die Ghost Towns Custer und Bonanza, nur über teilweise ungeteerte Wege zu erreichen. Dafür erzählen die verlassenen Gebäude viel über Geld und Gold und einen kurzen Boom. Am Ende breitet sich das relaxte Stanley vor dem Panorama der Sawtooth Mountains aus, wo auch der Salmon River, Kontinental-Amerikas längster Wildwasserfluß, seine Quelle hat.

So kurz der letzte vorgestellte Highway im Nordwesten auch ist, seine 80 Kilometer haben es in sich. Sie führen stracks durch den Glacier National Park. Westlich der amerikanischen Wasserscheide, begrüßt der Lake McDonald seine Besucher im nördlichsten Nationalpark der USA. Es folgen die wohl schönsten Gebirgsaussichten der USA – und so viele davon, daß die Gründer des Parks ihn nicht umsonst „die Krone des Kontinents" nannten. Höher und höher geht es, vorbei an alpiner Pracht und Herrlichkeit, bis auf dem Logan Pass bei knapp über 2000 Metern der Höhepunkt in jedem Sinne erreicht ist.

Eine Erinnerung an eiszeitliche Naturgewalten stellen die über 50 Gletscher des Parks dar, denen er seinen Namen zu verdanken hat. Ein besonders gefälliger ist am Jackson Glacier Overlook zu betrachten. Zum Abschied präsentiert sich noch St. Mary Lake dem Besucher. Tip: Hier umdrehen und die Route in der Gegenrichtung nochmals befahren!

ROADBOOK 18

Streckenname:
Going to the Sun Highway

Streckenlänge/Abstecher:
80 Kilometer ohne Abstecher

Verkehrsdichte/Zustand:
gering bis mittel/Winterschäden

Motorrad-Reisezeit:
Juli bis September

Pracht der Prärie

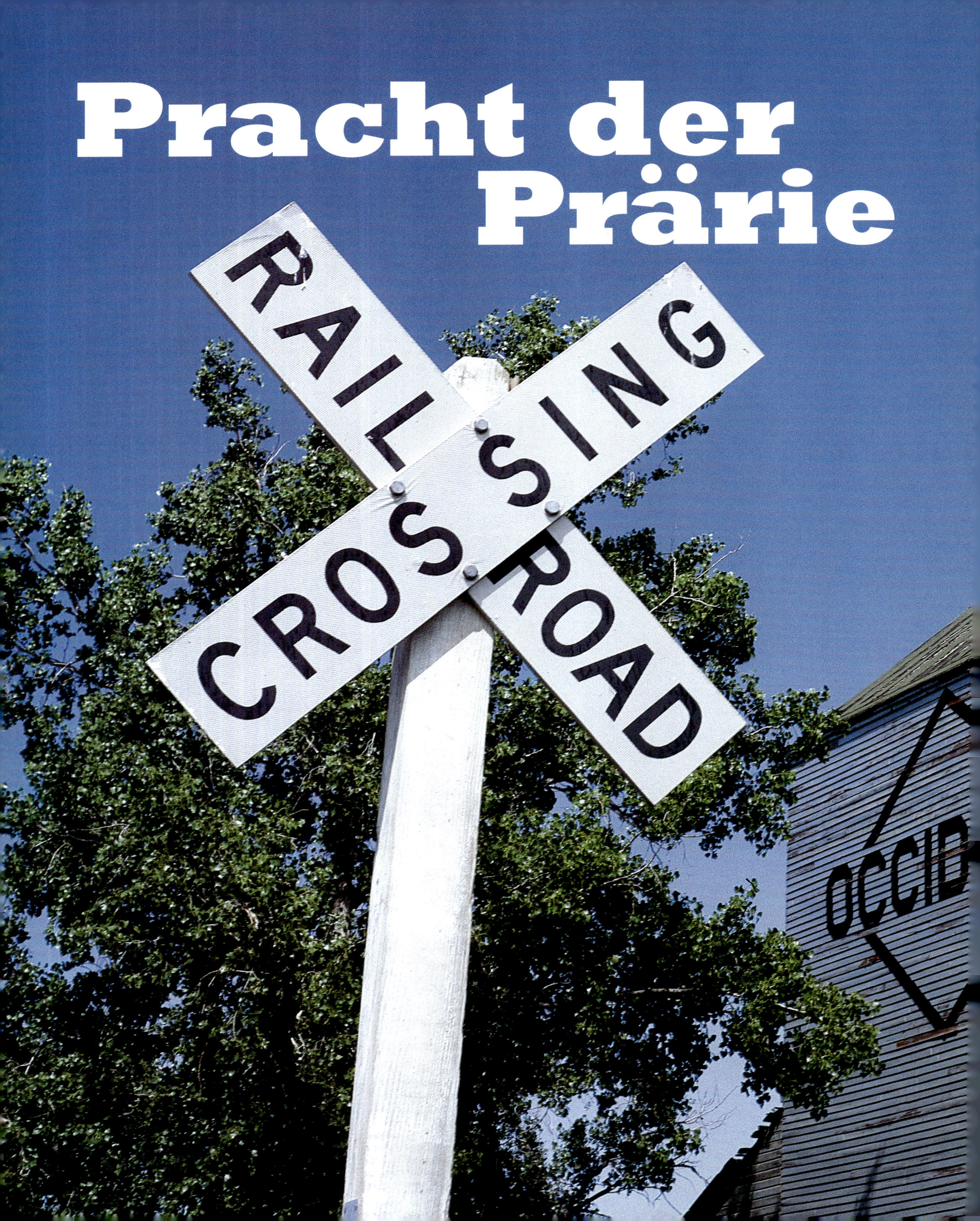

Midwest

Beim Mittleren Westen denken die meisten an endlose Getreidefelder und ebensolche Langeweile. Aber weit gefehlt: Selbst die Kornkammer der USA hat ihre landschaftlichen Schätze. Und Highways, auf denen einen die Sehnsucht überkommt.

Bismark-Roosevelt Trail

Gleich die erste Route durch die weiten Ebenen des Mittleren Westen ist auf ihrer Gesamtlänge von ungeahnter Vielfalt. Zunächst erhebt sich in Bismark, North Dakotas so wunderbar amerikanisch klingender Hauptstadt, das 18stöckige State Capitol in den endlos scheinenden Himmel, von Einheimischen augenzwinkernd auch das einzige Hochhaus der Prärie genannt. Dann geht es den Missouri River entlang, der noch im vorigen Jahrhundert den Pionieren als Grenze ins Niemandsland des Westens galt. Obwohl der reichlich Schlamm mit sich herumschleppende Fluß in seinem Verlauf von vielen Dämmen gezähmt wurde, hat sich an diesem Segment wenig seit den Zeiten von Lewis und Clark geändert.

Der riesige Garrison Damm ist ein Paradebeispiel für die Zähmung von Binnengewässern. Die 3,2 Kilometer lange Mauer staut den Missouri auf über 300 Kilometern zurück. Heraus kam ein See von rund der dreifa-

ROADBOOK 19

Streckenname:
Bismark-Roosevelt Trail

Streckenlänge/Abstecher:
650 Kilometer ohne Abstecher

Verkehrsdichte/Zustand:
gering bis mittel/gut

Motorrad-Reisezeit:
Juni bis Mitte September

Überraschung: Wo die Prärie endet, beginnen die unwirtlichen, aber reizvollen Badlands, wie hier im Theodore Roosevelt National Park in North Dakota.

chen Gößen des Bodensees, der Lake Sakakawea.

Der Trail durchquert auf seinem Weg nach Westen auch die 400 Quadratkilometer große Fort Berthold Indian Reservation. In New Town, einer „geplanten“ Stadt, die als Ersatz für einige der vom Stausee gefluteten Siedlungen errichtet wurde, gibt ein Museum Aufschluß über die Geschichte der hier ansässigen Stämme der Mandan, Hidata und Arikara.

Im Lewis & Clark State Park gibt es erste Hinweise zum bevorstehenden, dramatischen Landschaftswechsel. Hier läßt sich die Prärie, besonders im farbenfrohen Frühsommer, in ihrer vollen Pracht genießen. Bevor es in den Theodore Roosevelt National Park geht, lohnt ein Besuch im Fort Union Trading Post. Gegründet wurde die Handelsstation von Johann Jakob Astors Pelzhandelsgesellschaft. Trapper und Indianer konnten ihre Beute hier gegen Werkzeug, Decken, aber auch Waffen eintauschen.

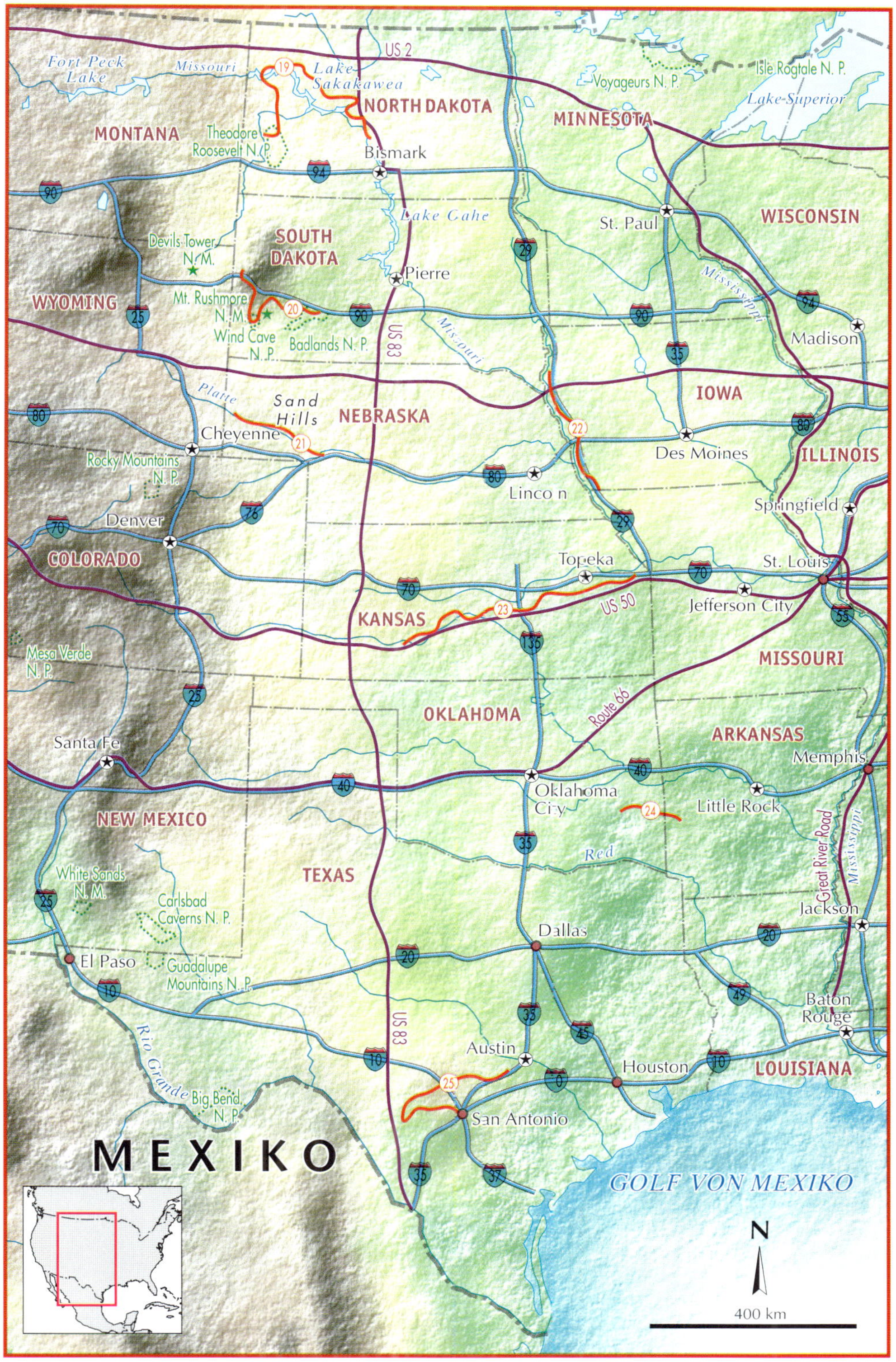

Die Schönheit der „Badlands“ in diesem unbekannten Nationalpark läßt sich auf den beiden „scenic drives“ im Norden und Süden bestaunen. Wind, Wasser sowie der Little Missouri River, haben kräftig am Gestein geknabbert und seine unterschiedlichen Lagen, erkennbar an den diversen Farben, freigelegt. Ein Anblick, der Stimmungen auslöst: Die ersten Siedler verglichen die Badlands mit einer „Hölle, in der die Feuer erloschen sind“.

Black Hills-Badlands Trail

Motorradstrecken vom Feinsten erwarten einen auch im nächsten Präriestaat, South Dakota. Die Black Hills, berühmt geworden durch die präsidialen Köpfe am Mount Rushmore, den felsigen Charakterschädel des Crazy Horse Memorials sowie das gigantische Bikertreffen von Sturgis, sind ein wunderbarer Tummelplatz für Kurvengleiter. Die Routen durch die Region schmiegen sich an Flußläufe an und rollen die Berge auf und ab.

Städte wie Deadwood, Lead oder Hill City entstanden zu Goldrausch-Zeiten und haben sich seitdem kaum verändert. Besonders erstgenannte schlägt als komplett denkmalgeschütztes „Open Air-Museum“ Kapital aus der goldenen, wilden Vergangenheit. Auf dem Friedhof liegen Legenden wie Calamity Jane und Wild Bill Hickock begraben. An der Main Street stehen heute über 60 Spielhallen, allerdings stilvoll hinter den historischen Fassaden verborgen.

ROADBOOK 20

Streckenname:
Black Hills-Badlands Trail
Streckenlänge/Abstecher:
580 Kilometer ohne Abstecher
Verkehrsdichte/Zustand:
mittel/Schotter in den Badlands
Motorrad-Reisezeit:
Juni bis Anfang Oktober

Rund um den 2000er-Gipfel Harney Peak haben sich die berühmten Köpfe versammelt: Roosevelt, Lincoln, Washington, Jefferson und nicht weit entfernt davon die Sioux-Legende Crazy Horse. Sie blicken auf eine bizarre Landschaft hinab, in der Felsnadeln aus dem satten Grün des Staatsforsts emporsteigen, und durch die sich der Peter Norbeck Scenic Byway windet – so angelegt, daß die Köpfe

Living History: Die „1880 Town“ in South Dakota war auch Drehort für Szenen zu „Der mit dem Wolf tanzt“ (oben). Deadwood (links), einst und jetzt wieder eine Spielerstadt von zweifelhaftem Ruf.

Small Town America: In reizenden Orten wie Chandler in Oklahoma erinnern selbst die Tankstellen an vergangene Zeiten – als Service noch großgeschrieben wurde.

des Mount Rushmore von Tunnelausfahrten wie eingerahmt wirken. Den grandiosen Abschluß bilden die Buffalo Gap National Grasslands, auf denen die Büffel wieder herdenweise umherziehen, sowie der Badlands National Park. Beste Aussichten eröffnet die Sage Creek Rim Road, die zwischen Scenic und der Kreuzung mit dem Highway 240 auf etwa 35 Kilometern aus Schotter besteht.

Französische Trapper versuchten sich an der Schiffbarkeit des Flusses, den die Indianer „flaches Wasser" nannten. Sie scheiterten und gaben ihm als Namen die französische Variante davon: Platte River. Zur Mitte des vorigen Jahrhunderts führten die großen Pionierpfade Oregon, Mormon und California Trail an seinen Ufern entlang. Den 350 000 Siedlern, die Nebraska auf ihrem Weg in den verheißungsvollen Westen durchquerten, kann man auf der Platte River Road

ROADBOOK 21

Streckenname:
Platte River Road
Streckenlänge/Abstecher:
340 Kilometer ohne Abstecher
Verkehrsdichte/Zustand:
gering/gut
Motorrad-Reisezeit:
Mai bis Oktober

Highway-Huldigung: Oklahoma ist der einzige Staat, der sich ein offizielles Route 66 Museum leistet.

auf die Spur kommen; davon haben sie dort reichlich hinterlassen.

Ogallala, im 19. Jahrhundert das Sündenbabel des Mittleren Westens, lebt noch heute von den Geschichten um die wüsten Cowboyhorden, die, am Ende ihres langen Viehtriebs von Texas hierher, erstmals „die Sau rauslassen" konnten. Von hier führt der U.S. Highway 26 an den nördlichen Arm des Platte Rivers. An seinen Ufern hat sich ein einzigartiges Biotop seltener Tiere etabliert, geschützt durch die zufällig von Siedlern angesetzten Baumwollpflanzen.

Schließlich tauchen die Plätze auf, die zu Trailzeiten Berühmtheit erlangten: Courthouse Rock und Jail Rock waren für die Pioniere die ersten Anzeichen einer sich ändernden Natur nach 800 Kilometern flacher Prärie. Chimney Rock, der Fels in der Brandung der wogenden Plains und heute eine National Historic Site, markierte den Wechsel zum rauhen Land der Rockies. Scotts Bluff und die ihn umgebenden Badlands versperrten den Weg. Eine einzige Fahrrinne durch eine schmale Schlucht führte um den riesigen Ton- und Sandsteinhügel herum. Dort sind die Spuren der Pferdewagen noch heute sichtbar – mehr als ein Jahrhundert nach ihrer Entstehung.

Iowa hat nun wirklich nicht viel zu bieten. An seiner Ost- wie an der Westgrenze sorgen aber Mississippi und Missouri zumindest für sehenswerte Natur. Wen es schon einmal hierher verschlägt, der darf sich die Loess Hills im

ROADBOOK 22

Streckenname:
Loess Hills Scenic Byway

Streckenlänge/Abstecher:
360 Kilometer ohne Abstecher

Verkehrsdichte/Zustand:
mittel/gut

Motorrad-Reisezeit:
April bis November

Glücklos: J.B. Hickock, genannt „Wild Bill“, hatte nur einen Monat Zeit, sich in Deadwood heimisch zu fühlen. Dann traf ihn beim Kartenspiel hinterrücks eine Kugel (rechts).

Hommage an Stonehenge: „Carhenge“ im Bundesstaat Nebraska (großes Bild).

Westen des Staats nicht entgehen lassen. Hamburg heißt der Ort am Interstate 29, wo der Byway beginnt. Vom nahegelegenen Waubonsie State Park lohnt der Blick über Iowa und seine Nachbarn: Nebraska, Kansas, Missouri und über das weite Tal des „Old Muddy", des Missouri River.

Entlang des Wegs, der sich durch die langgestreckte Hügelkette kräuselt, laden immer wieder ausgeschilderte Aussichtspunkte zum Verweilen ein. Riskiert man einen Blick, sind es oft genug der Missouri und sein weitläufiges Tal, die den Betrachter verzaubern. Wer sich zu einer Kaffeepause in einen der Orte begibt, dem wird vieles bekannt vorkommen: Das ist „small town America", wie wir es aus Fernsehen und Kino kennen. Heile Welt, ehrliche Gastfreundschaft, belanglose Plaudereien – Urlaub in seiner eigentlichen Bestimmung.

Midwest-Nightlife: In den ehemaligen Cowtowns ist teilweise auch heute noch heftig was los. Das Zentrum von Fort Worth (oben) wurde gerade revitalisiert, in „Billy Bob's Texas" an den Stockyards steppt der Bär (rechts).

Tausende eisenbeschlagener Kutschreifen rollten über den Santa Fé Trail durch die endlos wirkende Prärie. Auf ihrem Höhepunkt, 1866, sah die tief verfurchte Strecke über 5000 Wagen auf ihrem Weg von Independence in Missouri nach Santa Fé in New Mexico vorbeiziehen. Auf den U.S. Highways 50 und 56 kann man in Kansas dem Verlauf in weiten Teilen folgen und an dem Gefühl teilhaben, das die Siedler auf ihrem Weg überkommen haben muß.

Rechts und links der Route verbergen sich zahllose kleine Orte, in denen irgendetwas immer an

ROADBOOK 23

Streckenname:
Santa Fé Trail
Streckenlänge/Abstecher:
580 Kilometer ohne Abstecher
Verkehrsdichte/Zustand:
gering bis mittel/befriedigend
Motorrad-Reisezeit:
Mai bis Oktober

den Trail erinnert: ein besonderer Trading Post, in dem die Vorräte erneuert wurden, ein Fort, das Schutz vor den Indianern, aber auch den nicht minder gefürchteten Banditen bot, ein Wasserloch, an dem die Tiere und Menschen verschnauften.

In solcher Umgebung fällt es leicht, sich vorzustellen, wie einst Millionen Büffel die Prärie durchquerten. Gerade das Motorradreisen verleiht den Gedanken oft Flügel. Vor dem geistigen Auge entwickeln sich Bilder von gigantischen Herden. Man glaubt fast, die weißen Tupfer der Planwagen zu entdecken. Attraktionen wie das historische Fort Larned sind dazu angetan, die Tagträumereien noch zu verstärken.

Einen würdigen Abschluß bietet Dodge City, die „Queen of the Cowtowns", wie der lebhafte Ort auch genannt wird. Wer seiner Phantasie Zügel läßt, findet sich gedanklich schnell zwischen Tanzhallen und Saloons wieder, in denen das Leben tobt. Wild-West-Legenden wie Bat Masterson und Wyatt Earp versuchen, in diesem Kurmel Ordnung zu halten. Millionen von Büffelfellen und Rindviechern sind der wirtschaftliche Boomfaktor der aufstrebenden Gemeinde.

Rund 15 Kilometer weiter westlich, gleich am Highway 50, gibt es eine Stelle, wo noch heute die tiefen Spurrillen zu bewundern sind, die von den Planwagen einst gegraben wurden. Doch die Ochsenkarren waren keine Konkurrenz für das Stahlroß: Als der erste Eisenbahnzug in Santa Fé einfuhr, war der Trail von heute auf morgen nur noch eine staubige Erinnerung in den Köpfen der Menschen, und die Orte an seinem Wegesrand versanken zum größten Teil wieder in die Bedeutungslosigkeit ihres Daseins vor der großen Westwanderungswelle.

Als der erste Zug in Santa Fé einfuhr, war der Trail nur noch eine staubige Erinnerung in den Köpfen der Menschen.

An der Grenze zwischen Oklahoma und Arkansas verstecken sich die Ouachita Mountains. Mit unter 900 Metern sind sie sicher keine Konkurrenz für die Rockies, der Talimena Scenic Byway aber ist von derart grandioser Streckenführung, daß

ein Besuch auf jeden Fall lohnt. Es legt sich nämlich sanft auf die Spitzen der Hügel, führt einer Achterbahn gleich durch das bewaldete Terrain und verblüfft hin und wieder mit Fernsichten über die beiden Staaten, die das Auge verwöhnen.

In den 30er Jahren stand sogar der Nationalpark-Status für das Gebiet zur Debatte, scheiterte aber an politischen Querelen. Das ändert jedoch nichts an der Besonderheit der Region: Die Hügelkette, die für Nordamerika ungewöhnlich von West nach Ost verläuft, entstand vor rund 200 Millionen Jahren als eine der ältesten Landmassen des Kontinents. Fast alle anderen Gebirge verlaufen in Nord-Süd-Richtung, da sie von den eiszeitlichen Gletschern gekerbt wurden.

ROADBOOK 24

Streckenname: Talimena Scenic Byway (OK 1)
Streckenlänge/Abstecher: 100 Kilometer ohne Abstecher
Verkehrsdichte/Zustand: gering/gut
Motorrad-Reisezeit: Mai bis Oktober

Besonders schön ist es zwischen Talihina, Oklahoma, und Mena, Arkansas, gegen Mitte September. Dann wechseln die Laubbäume des Mischwalds ihre Blattfärbung und setzen flammende rote und gelbe Akzente im Immergrün ihrer Nadelgeschwister.

Man mag es bei einem Namen wie San Antonio kaum glauben, aber die Stadt und vor allem die sie umgebende Region, das Texas Hill Country, sind eine deutsche Bastion in den so häufig englisch oder spanisch geprägten USA. Bandera, vor den Toren San Antonios, aber schon im sanft welligen Hill Country gelegen, ist

Fiesta San Antonio: Das Venedig des Südens versteht es, zu feiern. Am Riverwalk hat sich die Stadt sehr europäisch herausgeputzt.

Texas einmal anders: Kaum jemand bringt den Cowboy-Staat mit seiner langen Küste am Golf von Mexiko in Verbindung. Hier genießt man als Biker noch die Freiheit einer Runde am Strand (großes Bild).
Vor Galveston warten Supertanker auf ihre heikle Fracht, das schwarze Gold aus den texanischen Ölfeldern (rechts).

Texas Hill Country Drive

noch ganz amerikanisch. Dude Ranches, Ausritte, Rodeos – was es so an Cowboy-Kult gibt, soll die glorreiche Vergangenheit als Cowtown zelebrieren.

In Folge stößt man immer häufiger auf deutsche Siedlungszeugnisse, vor allem in und um Fredericksburg und New Braunfels. Fachwerkhäuser säumen die Straßen, in den Restaurants feiert „deutsche Küche" fröhliche Urständ'. Vor Austin,

der musikalischen Kapitale von Texas, ist ein Aufenthalt auf Lyndon B. Johnsons Ranch angesagt. Auf dem Gelände befindet sich die Sauer-Beckmann-Farm, ein lehrreiches Open Air-Museum zur deutsch-texanischen Siedlungsgeschichte. Und natürlich das Familienmuseum des ehemaligen U.S.-Präsidenten, der immerhin einem JFK in schwierigen Zeiten nachfolgte.

ROADBOOK 25

Streckenname:
Texas Hill Country Drive

Streckenlänge/Abstecher:
500 Kilometer ohne Abstecher

Verkehrsdichte/Zustand:
mittel bis hoch/gut bis befriedigend

Motorrad-Reisezeit:
März bis November

Great Lakes

Wasser und mehr: Sandstrand an der Pictured Rocks National Lakeshore am Lake Superior in Wisconsin (links). Eisenbahnmuseum in Stillwater, Minnesota (großes Bild).

Zu Unrecht wird das Gebiet der „Great Lakes of North America", der Großen Seen Lake Superior, Lake Michigan, Lake Huron, Lake Ontario und Lake Erie, kaum in Erwägung gezogen, wenn es um Planung und Durchführung einer Motorradreise in den USA geht. Dabei ist es von ausgesuchter landschaftlicher Schönheit und Vielfalt und kann zusätzlich mit der Aussicht auf Abwechslung an sonnigen Stränden locken.

Minnesota, zum Beispiel. Fast 250 Kilometer ist der Küstenstreifen zwischen Duluth, einem der größten Binnenhäfen der Welt, und der kanadischen Grenze lang. Der Highway 61 folgt dem Verlauf gen Norden. Dabei geht es durch romantische

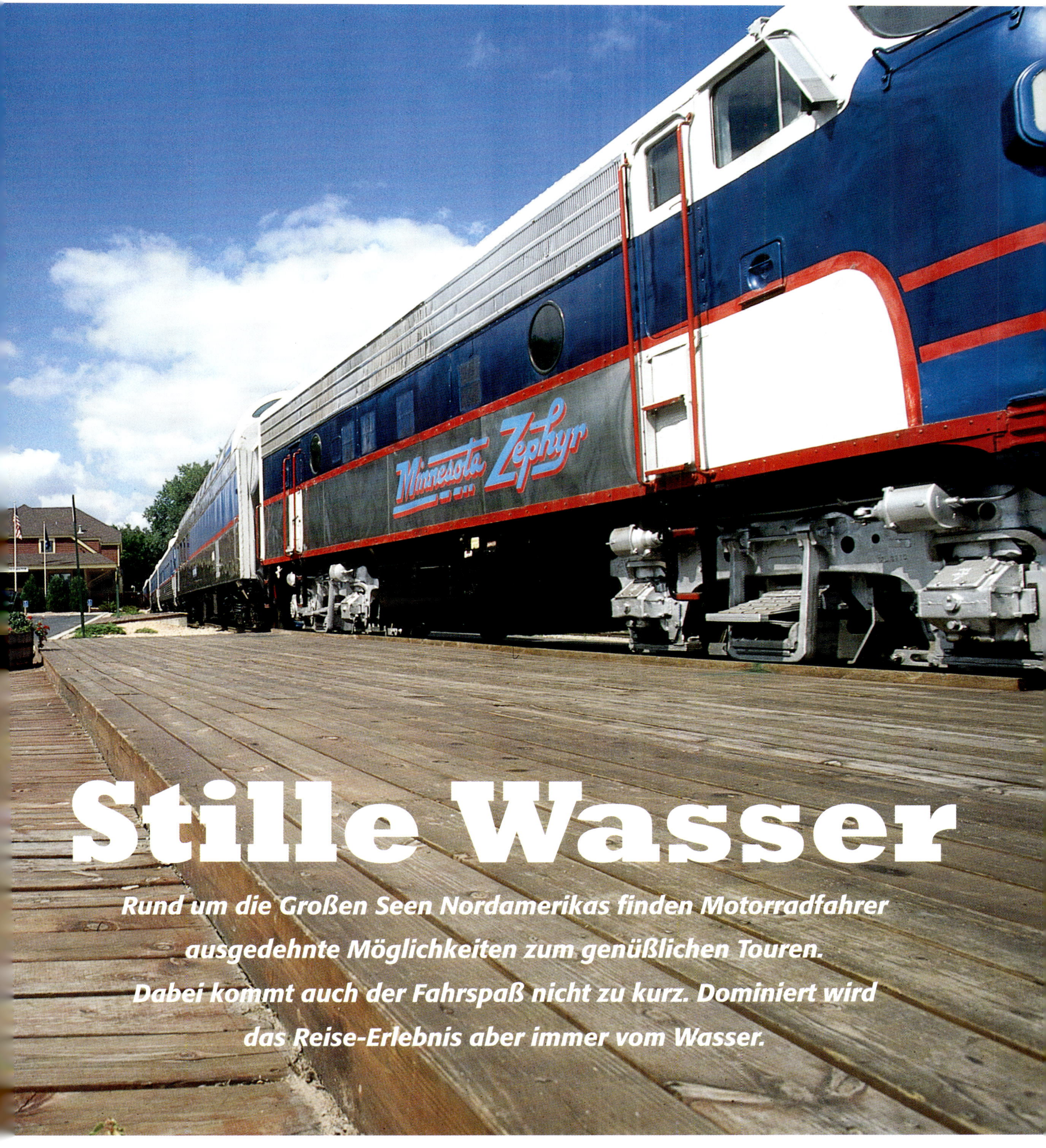

Stille Wasser

Rund um die Großen Seen Nordamerikas finden Motorradfahrer ausgedehnte Möglichkeiten zum genüßlichen Touren. Dabei kommt auch der Fahrspaß nicht zu kurz. Dominiert wird das Reise-Erlebnis aber immer vom Wasser.

Wälder, vorbei an steilen Klippen und rauschenden Wasserfällen. Städte wie Two Harbors erinnern aber auch daran, daß im Hinterland des Lake Superior reiche Eisenerzvorkommen lagen und noch liegen. Zwar werden sie nicht mehr in solchem Umfang abgebaut, wie noch um die Jahrhundertwende, Schiffe mit 300 Metern Länge nehmen in Two Harbors aber immer noch ihre rostrote Fracht auf.

dem Split Rock bis 1969 seinen Dienst versah. Das achteckige Gebäude gehört zu den größten Attraktionen des Staates.

Palisade Head markiert den Beginneiner rund 70 Kilometer langen Steilküste. Frühmorgens bringt die über dem See aufgehende Sonne die Felsen zum Glühen. Diverse Aussichtspunkte eröffnen atemberaubende Blicke auf das leuchtende Spektakel.

Denkwürdiges Duluth: Als Hafenstadt mit Freizeitcharakter und einem weiten Angebot an Aktivitäten präsentiert sich die vielerorts renovierte City.

Nur wenige Meilen von diesem Szenario entfernt stürzt sich der Gooseberry River in zwei grandiosen Kaskaden insgesamt gut 30 Meter tief seinem Ende im Lake Superior entgegen. Um die Fälle herum bietet ein State Park System fast 500 Kilometer an Wanderwegen entlang der Küste.

Gleich der nächste ist eines der Wahrzeichen Minnesotas. Der Leuchtturm, der hoch oben auf

Einige der Hafenstädte haben sich mit der Zeit stark gewandelt. In Grand Marais etwa tummeln sich, wie vielerorts heute, Sportboote, Angler und Segler. Seine Historie als Handelsstation kann der Ort nicht verleugnen, ebenso wie der Schlußpunkt dieser Route, Grand Portage. Im Inland wartet mit der Boundary Waters Canoe Area ein weitläufiges Paradies für alle Outdoor-Fans, die unter Motorradreisen mehr verstehen, als immer nur „on the road" zu sein.

ROADBOOK 26

Streckenname:
North Shore Drive
Streckenlänge/Abstecher:
250 Kilometer ohne Abstecher
Verkehrsdichte/Zustand:
gering bis mittel/gut
Motorrad-Reisezeit:
Anfang Juli bis Mitte September

Derselbe See, die südliche Küste, fast wie in einem anderen Land. An Wisconsins Gestaden hat der Lake Superior nichts von der Dramatik, wie noch in Minnesota. Dafür gibt es erste Buchten mit feinem Sandstrand und mit der Apostle Islands National Lakeshore einen sehenswerten Nationalpark.

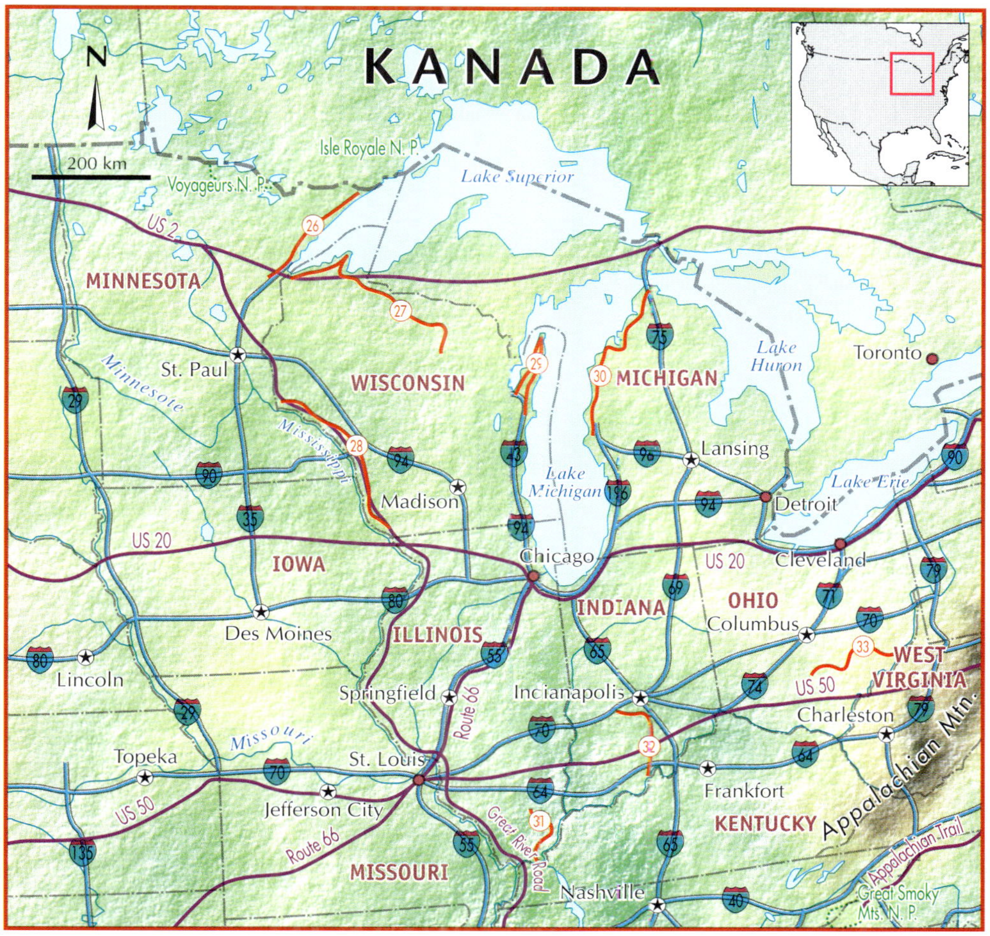

Für den muß man sich aber einige Tage Zeit nehmen. Zum einen, weil nur eines der kleinen Eilande überhaupt motorisiert erreichbar ist. Mit der Fähre kann man nach Madeline Island übersetzen und dann eine Runde um die Insel drehen. Alle übrigen großzügig vor der Bayfield Peninsula verteilten Flecken sind nur mit kleinen Ausflugsbooten erreichbar. Und weiter geht es auf ihnen per pedes. Zum anderen, weil eine genauere Betrachtung dieser faszinierenden Landschaftsformen mit ausgewaschenen Steilabbrüchen, kleinen Inlets und formidablen Tauchgründen schon einige Zeit braucht.

Bayfield und später auch Ashland kommen in Frage, wenn man auf der Suche nach einer Unterkunft ist. Einige hübsche Bed & Breakfast haben sich etabliert, wenige Hotels und Motels gesellen sich dazu. Auch Tankstops sollte man, wo immer sie eingelegt werden können, wahrnehmen. Für manchen Chopper mit kleinem Tropfentank kann der Weg hier schnell zu weit werden. Da ist vorausschauendes Fahren angesagt.

An der Grenze zu Michigan verabschiedet sich die Route vom Lake Superior und begibt sich in die dichten Wälder des Northern Highland State Forest. Das faszinierende Landschaftsbild, das sich hier ausbreitet, wurde während der letzten Eiszeit von gigantischen Gletschermassen geformt. Davor standen hier Granitgipfel, höher als die meisten Berge der Rocky Mountains.

Der Schlußspurt bringt einen dann nach Rhinelander, um die Jahrhundertwende eine typische Holzfällersiedlung. Hier gehört die Angel ausgepackt, denn der Wisconsin River ruft.

ROADBOOK 27

Streckenname:
Superior-North Woods Byway
Streckenlänge/Abstecher:
400 Kilometer ohne Abstecher
Verkehrsdichte/Zustand:
gering bis mittel/befriedigend
Motorrad-Reisezeit:
Mitte Juni bis Mitte September

Andenken: Die Schiffahrt auf den Great Lakes forderte ihre Opfer. Obwohl es Binnenseen sind, haben die Gewässer ihre Tücken. Den Seeleuten, die auf ihnen umkamen, ist dieses Denkmal in Superior, Wisconsin, gewidmet.

Eine der größten Überraschungen rund um die Great Lakes ist wohl der Mississippi. In unsere Erinnerung hat er sich so intensiv als „Südstaaten-Gewässer" eingegraben, daß seine Ausmaße und die Tatsache, daß etwa ein Drittel seiner über 3500 Kilometer durch Minnesota fließt, fast wie ein Schock kommen. Schon wenige 100 Meilen, nachdem er am Ausgang des Lake Ithasca seine Reise zum Golf von Mexiko angetreten hat, ist er zu stattlicher Breite angewachsen.

Wer den Film „Grumpy Old Man" mit Jack Lemmon und Walter Matthau gesehen hat, wird viele Ecken dieser Städte wiedererkennen.

Im Grenzgebiet zwischen Minnesota und Wisconsin, später auch zwischen Iowa und Wisconsin, hat er ein weites, fruchtbares Tal hinterlassen. Am westlichen Ufer ist es die gut ausgebaute Schnellstraße 61, die ihm folgt, auf Wisconsins Seite der ruhigere, motorradfreundlichere Highway 35.

Red Wing ist eine der interessanten Städte an diesem Abschnitt des Mississippis. Wie viele mittelgroße Gemeinden hatte auch dieser Ort mit den Problemen einer „Innenstadtflucht" zu kämpfen. Einige Millionen aus der Kasse der Red Wing Shoe Company haben geholfen, den Stadtkern weitgehend zu sanieren. Heute reihen sich hier Antiquitätengeschäfte und Restaurants aneinander. Außerdem ist der Ort bekannt für seine Töpferwaren. Produkte aus der Red Wing Pottery sind weltweit gefragt.

ROADBOOK 28

Streckenname: Great River Road
Streckenlänge/Abstecher: 750 Kilometer/ca. 200 Kilometer
Verkehrsdichte/Zustand: mittel bis hoch/gut
Motorrad-Reisezeit: Mai bis Oktober

In Red Wing lohnt ein längerer Abstecher ins Landesinnere, nach Belle Plaine südwestlich der Twin Cities Minneapolis und St. Paul. Dort steht die neue Fabrik von Excelsior-Henderson. Motorräder werden hier produziert, Cruiser mit mächtigem V 2-Motor. Aber nicht irgendeine Harley-Kopie, sondern ein eigenständiges Bike ganz in der Tradition eines Unternehmens, dessen Vorläufer auch schon 1876 gegründet wurde und bis 1931 zu den Big Three der amerikanischen Motorrad-Produzenten gehörte. Werksbesichtigungen sind wochentags möglich.

Mississippi-Orte wie Wabasha oder Winona rufen eine ganz andere Erinnerung wach. Wer einmal den Film „Grumpy Old Man" mit Jack Lemmon und Walter Matthau gesehen hat, wird viele Ecken dieser Städte wiedererkennen. Und die Einheimischen bekennen nicht ohne Stolz in der Stimme, daß der Film ihre Macken und Marotten sogar nur unzureichend wiedergibt. In Wirklichkeit sei man hier sogar noch verrückter.

Es gibt so viel Überraschendes entlang des „Ol' Man River" – in Minnesota, Wisconsin und Iowa. Beiderseits des großen Stroms macht die Fahrt Spaß, die Begegnung mit den Menschen Freude und der ein oder andere Ausblick besinnlich.

Green Bay hat es schwer. Die Industriestadt kämpft mit dem Vorurteil, ein provinzielles Nest zu sein. Da nützen auch Erfolge im American Football nicht viel. Vielleicht sollte sich die Stadt darauf besinnen, was sie wirklich ist: ein geeigneter Ausgangspunkt für einen Trip ins Door County.

Door County Byways

Minnesota-Sammelsurium: Toy and Farm Museum in Harmony (rechts), Adler-Gedenken in Wabasha (Mitte), Harley-Vermietung in Minneapolis (unten).

Nicht erst seit gestern weiß man ja, daß es Leif Eriksson und seine Horden waren, die diesen Kontinent entdeckten. Sorry, Kolumbus, zu spät!

Sturgeon Bay ist der größte Ort und gleichzeitig die Eingangspforte in ein Gebiet, das von seinen Bewohnern wie Besuchern gerne das „Cape Cod des Mittelwestens" genannt wird. Auf den rund 350 Kilometern um die Halbinsel herum ist man niemals weit von einem lohnenswerten Aussichtspunkt entfernt. Die Straßen präsentieren sich ruhig und in gutem Zustand, die Ortschaften sind gepflegt, und die beidseitig verlaufende Küste könnte unterschiedlicher nicht sein.

An der Green Bay lockt das sanfte Gewässer mit den felsigen Ufern vor allem Segler an. Die Lake Michigan-Seite hingegen besticht mit Sandstränden, Seegang und superben Fischgründen. Einen Besuch auf Washington Island sollte man unbedingt einplanen. Das kleine Juwel vor dem nördlichen Zipfel des „Daumens", wie das Door County wegen seines Aussehens auf der Landkarte auch genannt wird, beherbergt unter anderem die älteste isländische Siedlung auf dem nordamerikanischen Kontinent. Nicht erst seit gestern weiß man ja, daß es Leif Eriksson und seine Horden waren, die diesen Kontinent entdeckten. Sorry, Kolumbus, zu spät!

ROADBOOK 29

Streckenname:
Door County Byways
Streckenlänge/Abstecher:
650 Kilometer ohne Abstecher
Verkehrsdichte/Zustand:
gering bis mittel/gut
Motorrad-Reisezeit:
Juni bis Mitte September

Think back: Der Motorrad-Produzent Excelsior-Henderson besinnt sich am Firmensitz seiner Tradition (links).

Ungewohnt: Raddampfer auf dem Mississippi.

In Michigan sieht die Welt der Great Lakes gleich ganz anders aus. Der Tourismus steht hier in voller Blüte, die Infrastruktur ist entsprechend gut. Und dennoch: Reservierungen für Hotels oder die Fähre über den Lake Michigan sind zur Sommerzeit dringend angeraten, möchte man nicht etliche Kilometer zusätzlich auf der Suche nach einer Schlafstatt verfahren – von der Zeit, die dafür draufgeht, ganz zu schweigen.

ROADBOOK 30

Streckenname:
Lake Michigan Tour
Streckenlänge/Abstecher:
510 Kilometer ohne Abstecher
Verkehrsdichte/Zustand:
mittel bis hoch/gut
Motorrad-Reisezeit:
Juni bis September

Wer die Brücke über die Straße von Mackinac überquert hat, wird zunächst froh sein, dies unbeschadet vollbracht zu haben. Das Jahrhundertbauwerk zählt dank der anhaltenden Windböen nicht gerade zu den motorradfreundlichen Ecken der Neuen Welt. Ein Abenteuer ist es aber allemal. Mackinaw City ist ein populärer Badeort und Fährhafen für die noch populärere Mackinac Island. Dort sind Kraftfahrzeuge allerdings tabu. Pferdefuhrwerke und Fahrräder müssen stattdessen den Individualverkehr mobil halten.

Die Küste am Lake Michigan präsentiert sich zerklüftet. Zahlreiche Buchten sind teilweise tief ins Land hineingeschnitten. Von felsigem Grund bis zu endlosen, einsamen Sandstränden findet man hier alles, was das Urlaubsherz begehrt. Außer Menschenmassen. Die sind hier, Gott sei Dank, Mangelware. Strandurlaub ohne Ölsardinengefühl, ein völlig neues Erlebnis für uns Europäer.

Windige Angelegenheit: Eine Fahrt über die Mackinaw Bridge ist wegen der andauernden Windböen ein abenteuerliches Unterfangen (großes Bild). Relaxter geht es da schon im malerischen Leland an Michigans schöner Küste zu (unten).

Ortschaften wie Harbor Springs, Bay View, Petoskey oder Charlevoix entfalten ihren viktorianischen Reiz am besten bei einer Übernachtung in einem der historischen Bed & Breakfast Inns. Traverse City hingegen, quirlige City an der Grand Traverse Bay, ist für jede Art von Trubel und Wassersport gut.

Ganz anders die Leelanau-Halbinsel: Hier herrscht Ruhe statt Hektik, Gelassenheit statt Ausgelassenheit – perfekt zum Entspannen.

Auf dem weiteren Weg zur Lake Michigan-Fähre, die einen von Ludington hinüber nach Manitowoc in Wisconsin schippert, gehört die Sleeping Bear Dunes National Lakeshore mit ihren gewaltigen Dünen, von denen einige dem Spieltrieb der Besucher geöffnet sind, zu den Höhpunkten an einem sanft bis dramatisch verlaufenden Küsten-Highway.

Ein völlig anderes Fahr- und Reiseerlebnis bietet der Shawnee Hills Scenic Byway im äußersten Südzipfel des Bundesstaats Illinois. Die Fahrt beginnt noch im „flachen" Farmland. Doch schon kurz hinter Harrisburg setzen die ersten Kurven ein, in denen sich die Straße die bewaldeten Hügel hinaufschwingt. Die Region blieb von den eiszeitlichen Gletschern verschont, die weiter im Norden alles geplättet haben.

Ein beschilderter Abzweig führt auf den kurzen Abstecher zum „Garden of the Gods". Seltsam gestaltete Sandstein-Formationen prägen den Anblick. Da liegen Felsen wie Spielzeug in der Gegend herum und bilden eigenwillige Ansichten, Gesichtern und Figuren ähnlich. Die Erosion des Urgesteins ist Schuld an dieser wie künstlich gestalteten Naturlandschaft.

Die Karbers Ridge Road schlängelt sich auf dem Kamm der Hügelkette weiter nach Osten. Ein kleines Juwel inmitten natürlicher Pracht, ist der Pounds Hollow Lake, gut geeignet zum Campen, Schwimmen, Angeln. Dann knickt die Route ab und begibt sich an die Ufer des Ohio River, dem sie von nun an ein treuer Begleiter sein wird. Eine perfekte Aussicht auf den Fluß und seine Umgebung bietet die höchste Erhebung auf Illinois-Seite: Tower Rock, 50 Meter hoch über dem Tal.

ROADBOOK 31

Streckenname: Shawnee Hills Scenic Byway
Streckenlänge/Abstecher: 200 Kilometer mit Abstechern
Verkehrsdichte/Zustand: gering/gut
Motorrad-Reisezeit: Mai bis Oktober

Ein weiterer, kleiner Abstecher führt zum Illinois Iron Furnace. Der Hochofen, noch vor der Mitte des 19. Jahrhunderts erbaut und 1967 säuberlich restauriert, produzierte einst Rohstahl, das zur weiteren Bearbeitung in die großen Metropolen geliefert wurde. Erzählungen nach, soll er vor allem für den Bau von Kanonen für den amerikanischen Bürgerkrieg eingesetzt worden sein. Heute erfüllt der Ort einen friedlicheren Zweck als Picknickplatz.

Die Regionen längs der großen Flüsse der USA verdanken einen guten Teil ihrer historischen Erzählungen natürlich dem Gewässer, von und an dem die Menschen hier leben. Auch mit ihm müssen sie auskommen. Wie gut ihnen das mit dem Ohio River gelungen ist, läßt sich in einem interessanten Museum an den Smithland Locks and Dam erfahren. Dort wird reichlich Wissenswertes über die Eindämmung und das Schleusensystem am Ohio berichtet.

Wer dem Ohio flußaufwärts folgt, der gelangt nach Indiana. In Mauckport beginnt eine Route, die tief hinein in den Staat und seine sanfte Topographie führt. Der Weg folgt weitgehend den Highways 135 und 46. Und obwohl es hier nicht viel an herausragender Landschaft gibt, lohnt der Weg wegen der reichen Pionier-Historie dennoch.

Corydon etwa. Als Indiana 1816 zum Bundesstaat der USA wurde, ernannte man den Ort zunächst zur Hauptstadt. Das erste Capitol ist ebenso noch zu sehen, wie das älteste Gebäude der Stadt, die Branham Tavern aus dem Jahr 1800. Ebenfalls geschichtsträchtig ist eine Fahrt mit der Scenic Railroad von 1883. Die dreht eine 25 Kilometer-Runde durch die umliegende Gegend.

Fast jeder der Orte, durch die der Highway führt, hat Gebäude oder Plätze zu bieten, die besiedlungsgeschichtlich von Bedeutung sind: alte Gerichtsgebäude und Gefängnisse, Kneipen, Hotels oder auch Krämerläden. Im Fall von Story hat man gleich eine ganze Siedlung, die nur noch als Geisterstadt exi-

ROADBOOK 32

Streckenname: Hill and Dale Drive
Streckenlänge/Abstecher: 200 Kilometer ohne Abstecher
Verkehrsdichte/Zustand: gering bis mittel/befriedigend
Motorrad-Reisezeit: Mai bis November

Open Air-Museum für Architektur: Der Chicago-Stil des Großstadtbaus hat Schule gemacht. Heute sehen viele Metropolen so oder ähnlich aus.

stierte, restauriert, um sie der Öffentlichkeit zugänglich zu machen.

Und schließlich gibt es da noch die überdachten Brücken, die „covered bridges", denen Clint Eastwood in seinem Film „The Bridges of Madison County" ein künstlerisches Denkmal setzte. Denn obwohl die Geschichte eigentlich in Iowa spielt, hat Eastwood die Brückenszenen im Brown County von Indiana gedreht – weil es hier die prächtigsten Exemplare dieser uramerikanischen Bauweise gibt.

Als letzter der Great Lakes-Staaten bleibt nur Ohio übrig. Die südöstliche Ecke birgt die größten Überraschungen für Biker aus dem fernen Europa. Start ist ebenfalls die erste Hauptstadt der Landes, Chillicothe. Schon vor 1803, dem Beitritt Ohios zur Union, war der Ort eine Kapitale, der Verwaltungssitz des Northwest Territory. Entsprechend vielfältig präsentiert sich die lokale Architektur.

Mit Erreichen des Hocking Hills State Parks findet man sich in einer Landschaft wieder, die an die Ardèche in Frankreich erinnert. Besonders im Herbst gehen einem Augen und Herz auf: Der

Scenic Southeastern Ohio

Wald rauscht in allen erdenklichen Rot- und Gelbtönen und setzt farbenfrohe Tupfer auf den Sandstein-Untergrund. Die Straße ist ebenfalls die reine Freude, wie sie sich kurvenreich durch diese Pracht windet. So oder so ähnlich geht es weiter, bis man

Andächtiges Staunen: Die Fabrikbesichtigung bei Harley-Davidson in Milwaukee gehört zu einem Great Lakes-Trip einfach dazu (oben).

ROADBOOK 33

Streckenname:
Scenic Southeastern Ohio

Streckenlänge/Abstecher:
270 Kilometer/70 Kilometer

Verkehrsdichte/Zustand:
gering bis mittel/gut

Motorrad-Reisezeit:
Mai bis Oktober

irgendwann – etliche State Parks, Seen und Schluchten später – den Ohio River erreicht. Von Marietta, bereits 1788 gegründet und bekannt als Binnenhafen für die typischen Flußschiffe, die Raddampfer, folgt unser Abstecher, der Highway 26, dem Little Muskingum River nach Woodsfield. Der „Covered Bridge Scenic Byway" führt auf 70 Kilometern an vier der malerischen Gebilde vorbei – und über eine sogar immer noch hinüber.

Unterwegs im platten Land: Viele Gebiete der Great Lakes-Staaten, wie hier Wisconsin, zeigen ein Europäern bekanntes Gesicht. Das unterscheidet sie von den endlosen Weiten des Wilden Westens.

Grand Ol' South

Präsentiert ein ganz unerwartetes Bild vom Südosten: Der Great Smoky Mountains National Park in Tennessee zählt zu den herausragenden Naturattraktionen der USA.

Südosten

Der Südosten der USA, von Missouri bis Louisiana, von Virginia bis Florida, lebt vom angestaubten Charme seiner „Vom Winde verweht"-Melancholie, der kunterbunten Mischung seiner Bewohner und der Pracht seiner Natur.

Der Südosten der USA hat es wirklich nicht leicht. Für viele Menschen ist und bleibt die Region untrennbar verbunden mit den schlimmsten Kapiteln der jüngeren amerikanischen Geschichte: Sklaverei, Bürgerkrieg, Rassentrennung, Ku Klux Klan. Die Wirklichkeit sieht natürlich ganz anders aus. Hier, wie überall in den Vereinigten Staaten, begegnet man solchen und solchen: Freigeistern wie Unverbesserlichen, Radikalen wie Liberalen. Nichtsdestotrotz leidet das Gebiet zwischen Atlantik und Mississippi unter einem Imageproblem. Motorradfahrer aber werden als Genußmenschen immer auf ihre Kosten kommen.

Missouri Rhineland

ROADBOOK 34

Streckenname: Missouri Rhineland
Streckenlänge/Abstecher: 200 Kilometer/20 Kilometer
Verkehrsdichte/Zustand: mittel bis hoch/gut
Motorrad-Reisezeit: Mai bis November

Einem positiven Teil der Geschichte kommt auf die Spur, wer sich ins Missouri Rhineland begibt. Nicht von ungefähr hat die Region diesen Namen. Es waren deutsche Siedler, die das romantische Fleckchen so sehr an die Heimat erinnerte, daß sie ihr ehemaliges Zuhause nur wenig amerikanisiert kopierten – Weinbau inklusive.

Der Highway 94 folgt von St. Louis aus dem Missouri River stromaufwärts. An Straße, wie Fluß

Unterwegs im Südosten: einsame Highways, verträumte Ortschaften, verzaubertes Märchenland.

liegen einige der ältesten deutschen Siedlungsgebiete der USA. Zwar waren es zunächst Franko-Kanadier, die sich das fruchtbare Land zueigen machten. Dem Fleiß der gottesfürchtigen Rheinländer hatten sie nichts entgegenzusetzen. Meist wanderten sie weiter westwärts, die Deutschen übernahmen ihre Parzellen und errichteten darauf heute so wundersam klingende Gemeinden wie Hermann – sogar mit zwei „n" geschrieben –, Dutzow oder eben Rhineland.

Ein erster Abstecher, nachdem man St. Louis verlassen hat, führt bei Defiance zum ehemaligen Anwesen Daniel Boones, bei uns als „Lederstrumpf" eine Berühmtheit. Das prächtige Landhaus, in dem er seinen Lebensabend verbrachte, will aber nicht so recht zum Bild des rustikalen Pioniers passen.

Weinberge bauen sich rechts und links des Missouris auf. Um die Jahrhundertwende hatten die Nachkommen der deutschen Siedler den Weinbau derart perfektioniert, daß er sogar mit den Erzeugnissen Kaliforniens mithalten konnte. Nur die Prohibition hat höhere Weihen verhindert. Ganz allmählich ist man qualitativ wieder da, wo man bereits vor 100 Jahren einmal war. Von Kritikern ausgezeichnete Wineries, wie Mt. Pleasant, sind für Besucher geöffnet.

Immer wieder weist die Bebauung auf die Herkunft der Bauherren hin. Ziegelhäuser mit Schlagläden und weißen Spitzenvorhängen – das kennt man doch. Besonders in Hermann läßt sich der deutschen Vergangenheit im Missouri Rhineland auf den Grund gehen. Die Deutschheim State Historic Site sind zwei Gebäude, in denen originalgetreues Mobiliar und Memorabilia von häuslichem Leben zu Beginn des 19. Jahrhunderts erzählt. In Jefferson City, der Hauptstadt Missouris, findet der Trip dann sein Ende.

Auf zwei Rädern unterwegs, ist es ja vor allem die Landschaft, an der sich Motorradfahrer erbauen möchten. Warum dann der als eine der zehn schönsten Strecken der USA postulierte Highway 7 in Arkansas so gut wie unbekannt geblieben ist, kann niemand genau erklären. Vielleicht, weil ihm die roten Felsen fehlen?

Dabei hat er ansonsten alles, was eine Motorrad-Reisestrecke ausmachen sollte: Abwechslungsreiche Landschaft mit zahlreichen Attraktionen gespickt, fahrerische Herausforderung, Kurven, Berge, guten Belag, geringe Verkehrsdichte und zahllose Möglichkeiten, den Trip durch beliebte Freizeitaktivitäten aufzuwerten. Kurz: Der Highway 7 ist ein Muß.

Ausgangspunkt ist Hot Springs, am Rande des Lake Ouachita gelegen, gut erreichbar übrigens über den Talimena Highway (siehe Seite 73ff.). Der für seine heißen Quellen bekannte Ort zählte einst zu den größten Heilbädern der USA. Von den imposanten Badehäusern ist heute nur noch eines in Betrieb – das Buckstaff. Ein anderes fungiert als Museum. Und noch ein Grund, Hot Springs aufzusuchen: der gleichnamige Nationalpark, in dem das Heilwasser seine geothermalen Aktivitäten zeigt.

Warum eine der zehn schönsten Strecken der USA so gut wie unbekannt geblieben ist, kann niemand erklären.

Die Straßen sind ebenfalls nicht ohne. Schon hier gibt es einsame Pfade wie die Auffahrt zum Aussichtpunkt auf dem Hot Springs Mountain, die sich in Haarnadelkurven durch die pikanterweise ZigZag Mountains genannte Hügelkette windet. Es soll aber noch besser kommen. Im Ouachita National Forest, wie auch in den weiter nördlich anschließenden Ozarks, nimmt der Highway 7 ein paar Wendungen, mit denen er sich nicht einmal hinter den schönsten Alpenstraßen verstecken muß. Hinzu kommen allerdings amerikanische Weite und unberührte Natur. Kilometerweit ist kein Mensch. Von den Berggipfeln fällt der Blick über endlose Hektar

ROADBOOK 35

Streckenname:
Scenic Highway 7
Streckenlänge/Abstecher:
520 Kilometer/220 Kilometer
Verkehrsdichte/Zustand:
gering bis mittel/gut
Motorrad-Reisezeit:
April bis Oktober

Typisch für Louisiana: Mangrovenwälder in der Sumpflandschaft rund um das Mississippi-Delta (oben), Lake Pontchartrain vor den Toren von New Orleans (rechts).

schönster Waldgebiete, besonders im Herbst eine farbenfrohe Pracht. Wer genügend Zeit einplant, wird einen Kanutrip auf dem Lake Dardanelle oder noch besser auf dem wilden Buffalo National River genießen können; oder eine Wanderung zu einem der versteckt gelegenen Wasserfälle, die sich in den Ozarks zu Dutzenden über die Klippen stürzen. Bei aller landschaftlichen Schönheit ist aber vorhersehende Reiseplanung angebracht. Hotels sind nämlich Mangelware entlang dieser Traumstraße des Südostens.

New Orleans hat für die Amerikaner so ein Flair und Ansehen, wie eine Mischung aus Neapel und Venedig in Europa. New Orleans sehen und sterben, lautet der hingeseufzte Wunsch vieler. Und der Mardi Gras, der kunterbunte Karneval des französisch geprägten Südens, steht dem Treiben in Venedig in nichts nach.

Die wuselige Metropole am Lake Pontchartrain ist aber auch der perfekte Startort für einen Trip durch das feuchte Marschland des Mississippi-Deltas. Herrschaftliche Plantagen erinnern an die Zeiten, in denen Sklaven ihren Herren satten Mehr-

ROADBOOK 36

Streckenname:
Bajou Byways
Streckenlänge/Abstecher:
350 Kilometer ohne Abstecher
Verkehrsdichte/Zustand:
mittel/befriedigend
Motorrad-Reisezeit:
März-Mai/September-November

wert erwirtschafteten. Trotz ihrer dunklen Vergangenheit strahlen die meisten der Herrenhäuser in blütenweißer Weste. Und sie wissen einen bei einer Besichtigung zu vereinnahmen. Pracht und Prunk, manchmal auch Protz, immer aber ein deutlicher Windzug von Geschichte – das alles weht durch die hohen Hallen.

Dazwischen erstaunen immer wieder die dichten Zypressenwälder, die sich in dem sumpfigen Gebiet gebildet haben. Schwere Fladen des sogenannten „Spanish Moss" hängen von den Zweigen herab, als wollten sie den Baum ersticken.

Die Küche der Kreolen ist scharf und exotisch. Das beliebteste Gewürz ist Tabasco, kein Wunder, es stammt von hier. Bei einem Besuch der Herstellerfirma treibt es einem vor beißender Schärfe glatt Tränen in die Augen. Trotzdem möchte man immer wieder in den kleinen Dörfern anhalten und in unscheinbaren Restaurants am liebsten direkt aus den Töpfen löffeln. Fast food? Nein, danke!

Die Menschen in den Bajous lieben ihr Essen, ihre Musik, ihr Leben. Sie lassen es jeden wissen – und lassen jeden, der offen dafür ist, daran teilhaben. Schon deshalb lohnt es sich, die Sümpfe aufzusuchen.

Herrschaftliche Plantagen erinnern an die Zeiten, in denen Sklaven ihren Herren satten Mehrwert erwirtschafteten.

Da behaupte noch einer, Amerika hätte keine Geschichte. Oder kein Geschichtsbewußtsein. Alles Quatsch! Wenn es eine Straße auf dem nordamerikanischen Kontinent gibt, die nicht nur Geschichte hat, sondern auch Geschichten erzählt, dann ist das der Natchez Trace Parkway. Bereits vor 8000 Jahren wanderten Indianer über den vom Mississippi River bis nach Nashville in Tennessee reichenden Weg. Noch heute kann man die Route auf ihrer ganzen Länge sowohl erwandern, als auch dem parallel verlaufenden Parkway per Motorrad folgen.

Frühjahr und Herbst sind dabei die angenehmen Jahreszeiten für diesen Trip. Der Sommer ist heiß und schwül,

ROADBOOK 37

Streckenname:
Natchez Trace Parkway
Streckenlänge/Abstecher:
720 Kilometer ohne Abstecher
Verkehrsdichte/Zustand:
gering/befriedigend
Motorrad-Reisezeit:
März-Mai/September-November

außerdem wird es zur Ferienzeit entlang des Parkways recht hektisch. Motorradfahrer sollten, trotz der Schönheit der Strecke, jederzeit die Geschwindigkeitsbegrenzung von 50 Meilen / 80 km/h beachten! Das Speed Limit wird hier scharf kontrolliert. Dennoch ist die Fahrt über den Parkway angenehm, weil kein kommerzieller Verkehr vorhanden ist.

Am besten wird der Parkway von der Hauptstadt der amerikanischen Country Music Nashville aus befahren. So bleiben das historische Natchez mit seinen Prachtbauten aus der Vor-Bürgerkriegszeit und das Tal des Mississippis der Höhepunkt am Ende der Reise. Etwa mittwegs führt der Parkway auch durch Tupelo, ebenfalls von musikalischer Relevanz. Hier ist der King, Elvis Presley, geboren und aufgewachsen.

Zeigt her die Früchte Eurer harten Arbeit: In den USA ist alles ein bißchen größer, vor allem die landwirtschaftlichen Produkte (großes Bild).

Einen Abstecher lohnt in Tennessee ein Besuch in der Jack Daniels Distillery, wo es herrlich gelassen zugeht (links).

Berührt der Natchez Trace Parkway Tennessee, Alabama und Mississippi, so streift der Lookout Mountain Parkway die beiden erstgenannten und Georgia. Nur die Namensgebung ist verwirrend.

Midland Trail

Beim Lookout Mountain handelt es sich nämlich um eine Gebirgskette, nicht einen einzelnen Berg. „Der" Lookout Mountain ist nur der Abschluß und Höhepunkt des rund 200 Kilometer langen Weges, von denen sich rund 130 Kilometer über die Höhenzüge schlängeln. Die zahlreichen State Parks rechts und links der Strecke laden immer wieder zum

Narben des Bruderkriegs: Der einzige je auf amerikanischem Boden geführte Krieg hat in den Südstaaten, etwa Virginia (oben), tiefe Wunden hinterlassen. Gettysburg ist da nur ein Beispiel (rechts).

ROADBOOK 38

Streckenname:
Lookout Mountain Parkway
Streckenlänge/Abstecher:
200 Kilometer ohne Abstecher
Verkehrsdichte/Zustand:
gering/gut
Motorrad-Reisezeit:
April bis Oktober

Verweilen ein. Mit einem elegantenSchwung und einigen abschließenden Kurven geht es dann vor Chattanooga zum höchsten Punkt hinauf. Vom 650 Meter hohen Gipfel reicht der Blick an einem klaren Tag über sieben Bundesstaaten. Die große Schleife des Tennessee Rivers mit Chattanooga liegt einem zu Füßen, Teile von Alabama und Georgia ebenso. Ja, selbst bis hinein nach Kentucky, North und South Carolina und sogar Virginia kann man sehen. Solche Aussicht hält mit der Weite des Wilden Westens locker mit.

Von mindestens ebensolcher Güte ist der Midland Trail, der sich durch West Virginia schlängelt. Nicht umsonst hat vor einigen Jahren der Veranstalter Mountain Thunder Motorcycle Tours seine Zelte in diesem Bundesstaat aufgeschlagen.

Die Reise beginnt in der Hauptstadt Charleston. Der Midland Trail folgt einem alten Bisonpfad, der schon früh genutzt wurde, um die Stadt mit Richmond in Virginia zu verbinden. Die ersten Kilometer sind denn auch nicht gerade eine Augenweide. Fabriken säumen den Weg, der Verkehr ist noch relativ dicht. Aber schon kurze Zeit später ist dieser Spuk vorbei, und der Highway 60 schwingt sich die Anhöhen zu den Allegheny Mountains hinauf. Bald kommt der fälschlicherweise New River benannte Fluß ins Blickfeld, dessen Schluchten West Virgina berühmt gemacht haben. Seit rund 65 Millionen Jahren gräbt er sich tiefer und tiefer ins Gestein und ist damit eines der ältesten Gewässer Nordamerikas. Über 300 Meter tief ist die Schlucht, an einer besonders dramatischen Stelle von der

ROADBOOK 39

Streckenname:
Midland Trail (U.S. 60)
Streckenlänge/Abstecher:
190 Kilometer ohne Abstecher
Verkehrsdichte/Zustand:
gering bis mittel/befriedigend
Motorrad-Reisezeit:
Juni bis Oktober

Ausgangspunkt für eine der schönsten Straßen der Welt: Charlottesville markiert den Start des 750 Kilometer langen Blue Ridge Parkways.

New River George Bridge überspannt. Die zweithöchste Einbogenbrücke der USA ist nur etwas für Schwindelfreie! – Ein paar Tage Erholung kann man sich in White Sulphur Springs gönnen. Das Mineralbad ist belebend, das Greenbrier Hotel zählt zu den besten Häusern im Lande. Und Biker sind, wie in den USA üblich, trotzdem immer willkommen.

Die im folgenden beschriebene, fast 1000 Kilometer lange Strecke zählt zu den grandiosesten Straßen der Welt. Der Skyline Drive führt durch den Shenandoah National Park, übrigens der meistbesuchte Park der USA. Er beginnt seinen fantastischen Verlauf in Front Royal und endet unzählige Stops und faszinierende Aussichten weiter bei Waynesboro am Interstate 64. Der bringt einen dann zügig nach Charlottesville, wo der Blue Ridge Parkway seinen Ausgang nimmt. Von der Streckenführung und der Attraktivität her mindestens so atemberaubend wie der Skyline Drive, findet diese Route erst 750 Kilometer weiter südlich, mitten im Great Smoky Mountains National Park in Tennessee ihr Ende. Nachteil einer solch' populären Strecke: Im Sommer wälzt sich der Verkehr Stoßstange an Stoßstange durchs Gelände. Da kann einem der Fahrspaß schnell vergehen. Im Frühjahr ist es häufig noch recht frisch; Schnee ist bis in den Juni hinein ein Thema. Und der Herbst bringt zwar die schon berühmte Laubfär-

ROADBOOK

40 41

Streckenname: Skyline Drive/Blue Ridge Parkway
Streckenlänge: 170 Kilometer/750 Kilometer
Verkehrsdichte/Zustand: mittel bis hoch/gut
Motorrad-Reisezeit: Mai-Juni/September-Anfang Oktober

Am Ende des Natchez Trace Parkways: die Windsor Ruins und der Gulfport Harbor in Mississippi (oben und links).

Südosten

Florida hat viele Gesichter: Trubel während der Daytona Bike Week (großes Bild), Biker-Braut im feinen Sand der Lee Island Coast.

bung mit sich, aber auch wieder kältere Tage und Nächte, mit gefährlicher Reifglätte am Morgen. Doch wer Berge, Wälder, Seen, ein unglaublich reichhaltiges Tierleben und die damit einhergehende Streckenführung liebt, der wird auf dem Skyline Drive, wie auch dem Blue Ridge Parkway, mehr als entschädigt für derlei Ungemach.

Von ganz anderer Natur ist der Colonial Coast Highway in Georgia. Auf der gesamten Strecke von Savannah, der mondänen Hafenstadt am gleichnamigen Fluß, bis zum St. Marys River bleibt das salzige Marschland am Atlantik ein treuer Begleiter. Doch bevor noch jemand „langweilig" rufen kann, haben ihn die vielen Abstecher, hier zu einer Insel, dort hinein in ein Wildschutzgebiet, eines Besseren belehrt.

ROADBOOK 42

Streckenname: Colonial Coast Highway
Streckenlänge/Abstecher: 270 Kilometer/150 Kilometer
Verkehrsdichte/Zustand: mittel/gut
Motorrad-Reisezeit: März bis November

Und dann gibt es da noch die geschichtsträchtigen Plätze entlang des Weges. Fort McAllister etwa, gerade frisch und völlig restauriert. Hier hatten sich Konföderierte, Südstaatler also, im Bürgerkrieg verschanzt. Sie sahen sich heftigsten Bombardements von See ausgesetzt, was sie dennoch nicht zur Aufgabe zwang. Schließlich wurden sie von Truppen unter General Sherman von Land überrannt. Damit war Savannah, eine der Hochburgen der Südstaatler, der Union in die Hände gefallen. Ein gewaltiger Schritt hin zur Beendigung des Bürgerkriegs.

Overseas Highway

Höhepunkte anderer Art sind die Golden Isles, die der Küste vorgelagerten Inseln. Sie waren und sind so attraktiv, daß einige der führenden Wirtschaftskapitäne 1886 Jekyll Island erwarben und zu einem privaten Refugium mit Sommerresidenzen

Grand Hotel ohne Allüren: Im legendären The Breakers in West Palm Beach kommt man auch mit Motorrad unter.

ausbauten. Die Häuser, teilweise mit 30 Schlaf- und mehr als einem Dutzend Badezimmern, wurden verniedlichend „Cottages" genannt. Noch heute leben die Golden Isles von dieser Anziehungskraft.

Wenn es einen Highway im Südosten gibt, den man gesehen haben muß, dann ist es der Overseas Highway von Miami nach Key West. Island Hopping vom Feinsten, über 42 Brücken bis ans südliche Ende der kontinentalen USA. Allerdings war die Straße nicht zuerst da, die Pionierleistung des enormen Brückenbaus gebührt Flagler und seiner Eisenbahn. Die gab er 1926 nach einem heftigen Hurricane auf. Auf den Trümmern der Trasse entstand in Folge der Overseas Highway. Der beginnt eigentlich erst in Florida City, doch dürfte das attraktive Art Deco-Zentrum von South Miami Beach zumindest für internationale Besucher der logischere Ausgangsort sein.

Key Largo, Islamorada, Marathon – allesamt bekannte Namen. Und vor allem Key West. Seine Geschichte als Piratenversteck kann und will der Ort bis heute nicht verbergen. Stolz bezeichnet man sich selbst als „Conch Republic", was sich auf die vor der Küste abgebauten Naturschwämme (Conches) bezieht. Berühmtheit erlangte Key West auch als Heimat Hemingways, der hier nach Kräften durch die Kneipen zog.

Aus Verrücktheit eine Tugend machen Bewohner und Besucher allabendlich am Mallory Square, wo sie, in Jahrmarkts-Atmosphäre, der untergehenden Sonne huldigen – selbst, wenn diese sich hinter Wolken verbirgt.

Seit 1999 muß man die gut 200 Kilometer bis zum Festland nicht mehr auf demselben Weg zurückzufahren, den man gekommen ist. Nun verkehrt eine Fähre im täglichen Dienst zwischen Key West und den beliebten Stränden der Lee Island Coast an Floridas Golfküste. Dort kann man im Anschluß an diese Brückentour trefflich entspannen.

ROADBOOK 43

Streckenname:
Overseas Highway

Streckenlänge/Abstecher:
etwa 250 Kilometer ab Miami

Verkehrsdichte/Zustand:
mittel/befriedigend

Motorrad-Reisezeit:
ganzjährig, im Herbst aber stürmisch

Beliebt bei jung und alt: der Art Deco District von South Miami Beach. Seit einigen Jahren wird kräftig restauriert.

Bunte,
neue
Heimat

Nordosten

Hier fing alles an: Mayflower, Boston Tea Party. Altenglischer Stil gepaart mit amerikanischem Selbstbewußtsein wirkt auf Außenstehende häufig wie Arroganz. Dabei sind die Menschen von Maine bis Maryland so gastfreundlich wie überall sonst in den USA auch.

Wenn vom Nordosten der USA die Rede ist, denken die meisten Menschen an New England. Aber die Region läßt sich weiter fassen, etwa bis nach Washington, D.C., der Hauptstadt der Vereinigten Staaten. Zugegeben, das hat nichts mit historischen Belangen oder alltäglichem Gebrauch zu tun. Es ist schlicht eine geographische Einteilung nach Himmelsrichtungen. Dennoch bleibt den New England-Staaten natürlich der überwiegende Anteil in einer Beschreibung des Gebiets.

Gleich die erste Route hat aufzuweisen, wofür man den Nordosten zu schätzen weiß: jede Menge Geschichte. Es geht ins Pennsylvania Dutch Country. „Dutch" hat hier nichts mit dem englischen

Zentren der Macht, einst und jetzt: In Philadelphia (rechte Seite) wurden die USA gegründet, von Washington, D.C., aus werden sie heute regiert. (unten).

Wort für „niederländisch" zu tun. Es ist vielmehr eine amerikanisierte Variante von „Dütsch" – deutsch eben. Denn aus Deutschland stammen die Mennoniten und Amishen, die noch heute einen allemannischen Dialekt sprechen und sich jeglicher Moderne erwehren. Kein Strom, keine Maschinen, keine Motorenkraft. Ihre Buggies, die typischen, schwarzen Pferdewagen, sind zum Synonym schlechthin für ihre Siedlungsgebiete geworden, die man noch in Ohio, Iowa und Minnesota findet.

Lancaster ist die Hauptstadt und der Namensgeber für den Landkreis: Lancaster County. Der Ort zählte schon in den 13 Kolonien zu den größten Siedlungen. Ein zentraler Markt, auf dem die Amishen noch heute ihre Produkte anpreisen, besteht schon seit Beginn des 18. Jahrhunderts. Eine 90-minütige „walking tour" führt durch die Gassen, in denen einem vieles ungemein bekannt vorkommt. Die Ziegelgemäuer könnten auch im Rheinland stehen oder in der Eifel.

Nur wenige Kilometer außerhalb der Stadt geben über 80 000 Exponate im Landis Valley Museum Auskunft über Herkunft, Ankunft und Lebensweise der Pennsylvania Dutch. Ein Abstecher auf der Route 272 führt zum Ephrata Kloster, einer Gründung des Baptisten Conrad Beissel, der vor mehr als 300 Jahren seine deutsche Heimat verließ, um hier ein überaus spartanisches Leben unter Glaubenbrüdern zu führen.

Die Strecke rollt durch hügeliges Farmland. Immer wieder sind Zeugnisse der Amishen am Wegesrand zu betrachten. Kleine Museen laden zu lehrreichen Stops ein, vereinzelte Orte besonderer geschichtlicher Bedeutung sind ausgeschildert. Ein solcher Ort ist Strasburg. Das Eisenbahnmuseum ist nicht nur für Fans ein Erlebnis. Alle Exponate können eingehend betrachtet werden. In einer

ROADBOOK 44

Streckenname:
Pennsylvania Dutch Country
Streckenlänge/Abstecher:
130 Kilometer/20 Kilometer
Verkehrsdichte/Zustand:
gering/gut
Motorrad-Reisezeit:
April bis Oktober

TIPS ARE A
REWARD FOR A
JOB WELL DONE
12

Sonderausstellung sind Modelleisenbahnen aufgebaut. Wer das echte Erlebnis einer Fahrt in einem historischen Zug sucht, der kann mit der Strasburg Railroad auf eine 15 Kilometer lange Runde gehen. Der Schaffner weist auf lokale Attraktionen hin. Dazu zählen immer wieder die Amishen, wie sie mit ihren Ochsenspännern die Felder bearbeiten oder in Nachbarschaftshilfe eine neue Scheune errichten. Zurück auf der Straße bietet die Route 741 reichlich Gelegenheit, sich mit frischen Waren einzudecken – und ein letztes Mal den Amishen bei ihrer „Handarbeit" über die Schulter zu gucken.

Es ist erst 40 Jahre her, daß der Mittlere Westen Anschluß an den atlantischen Schiffsverkehr fand. 1959 eröffneten Queen Elisabeth II. und Präsident Dwight D. Eisenhower die Schleusen am St. Lorenz Strom zwischen den USA und Kanada. Seitdem nutzen bis zu über 200 Meter lange Frachtschiffe die Passage, um bis zu ihren Zielhäfen an einem der Großen Seen vorzustoßen. Einem Teil dieser Route, bis zu den Niagara Fällen, kann man auf dem Seaway Trail im Staat New York folgen.

ROADBOOK 45

Streckenname:
Seaway Trail
Streckenlänge/Abstecher:
460 Kilometer ohne Abstecher
Verkehrsdichte/Zustand:
mittel bis hoch/gut
Motorrad-Reisezeit:
Mai bis Oktober

Das erste Stück des Wegs verläuft dabei parallel zum St. Lorenz Strom. In Ogdensburg ist das Zollhaus aus dem Jahr 1809 das älteste noch genutzte Verwaltungsgebäude der USA. Cape Vincent erstreckt sich just an der Stelle in den Lake Ontario, wo sich der Strom mit dem See vereint. Zu Sonnenuntergang bietet der Leuchtturm von Tibbetts Point traumhafte Aussichten auf das weite Gewässer und die vorgelagerten Inseln.

Nichts für Wasserscheue: Eine nähere Besichtigung der Niagara Fälle sorgt immer für Erfrischung.

Hudson River Valley Road

Kleine Buchten und malerische Inlets folgen dem romantischen Kap. In vielen der verträumten Ortschaften am Wasser zeugen noch heute die Reste von Befestigungsanlagen und Militärbaracken von der Bedeutung dieses Wasserwegs über die Jahrzehnte. Weiter westlich schließt mit Rochester die drittgrößte Stadt im Staat New York an. Im frühen 19. Jahrhundert boomte der Ort mit unzähligen Getreidemühlen als „Flour City" – Stadt des Mehls. Nach dem Niedergang der Müllerei kamen Gärtnereien als erfolgreiche Alternative auf, und so wurde aus der Flour City die „Flower City" – die Stadt der Blumen. Eine der größten Attraktionen ist das Museum of Photography and Film, das in dem grandiosen Anwesen des Kodak-Gründers George Eastman eine Heimstatt gefunden hat.

Am Ende der Route quetscht sich der Lake Ontario in die Enge des Niagara Rivers. Der rauscht dann Richtung Eriesee und verabschiedet sich tosend über die Klippen der Niagara-Fälle, eine der meistbesuchten Sehenswürdigkeiten der USA.

New York City ist nun wahrlich kein geeignetes Pflaster für Motorradfahrer. Trotzdem wird es all diejenigen hierher verschlagen, die sich den Nordosten oder andere Teile der Ostküste der USA vornehmen möchten. Hier gibt es nämlich die begehrten Mietmotorräder. Eine angenehme und gleichsam wunderschöne Strecke „zum Einfahren" führt vom Big Apple den Hudson River stromaufwärts und wieder retour.

Reisenden eröffnet sich ein kleines Märchenland,

ROADBOOK 46

Streckenname:
Hudson River Valley Road

Streckenlänge/Abstecher:
160 Kilometer ohne Abstecher

Verkehrsdichte/Zustand:
mittel bis hoch/gut

Motorrad-Reisezeit:
Mai bis Oktober

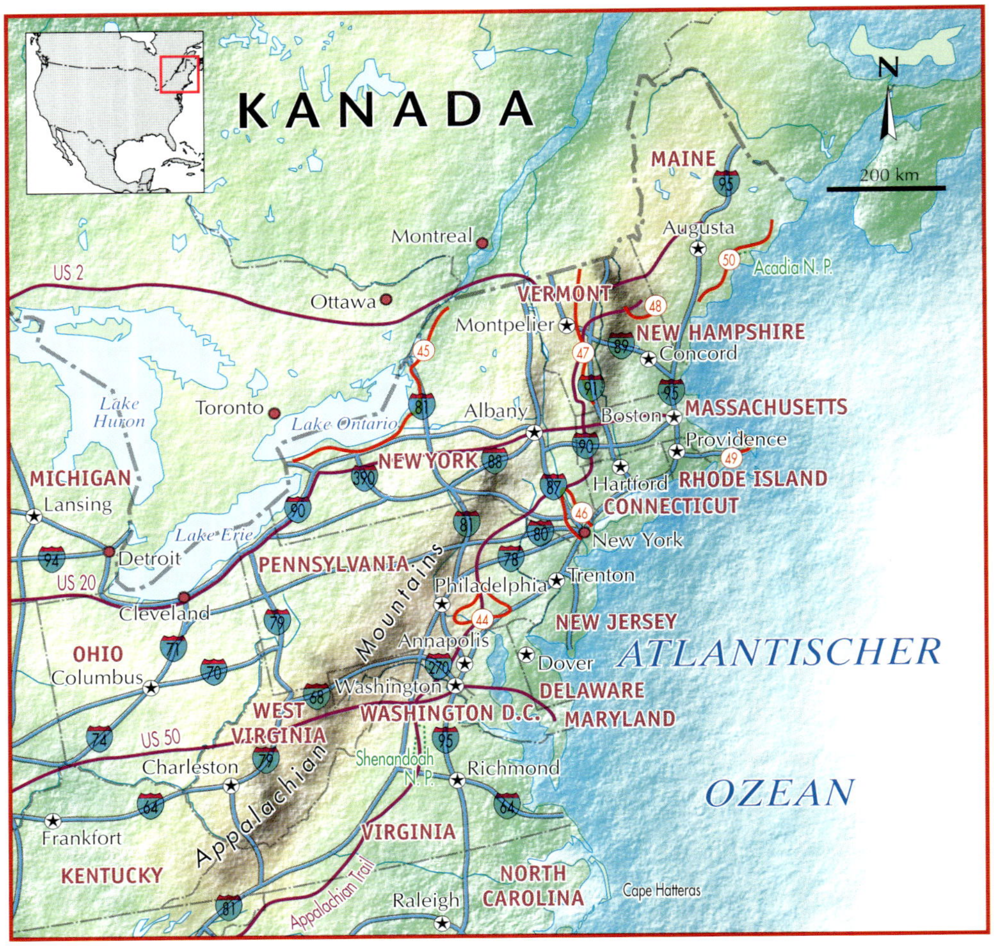

gleich vor den Toren der wuseligen Weltmetropole. Wer die City über die George Washington Bridge verläßt, der trifft umgehend auf den Palisades Interstate Parkway, dem man nach Norden folgt. Dieser Weg verläuft zwar weiter im Landesinneren als der Parallel-Highway 9W, dafür sind die Aussichten des über den Kamm der Klippen fließenden Parkways aber umso besser.

Bear Mountain State Park lautet sein Ziel. Einmal erreicht, muß eine Fahrt hinauf auf den Hügel schon sein. Von dort oben hat man einen phänomenalen Blick übers Land, den Fluß und die imposante Bear Mountain Bridge. Im Herbst, wenn die Blätter sich rot färben, kann es einem hier vorkommen, als würde die Welt in Flammen stehen.

Inmitten einer solch traumhaften Umgebung werden die besten Elitesoldaten des Landes gedrillt. Nur wenige Meilen nördlich steht die Militärakademie von West Point. Wiederum ein Stück weiter geht es über die Newburgh-Beacon Bridge ans andere Ufer und wieder Richtung Big Apple. Nicht ohne allerdings noch in Manitoga Halt gemacht zu haben. Hier hat Industriedesigner Russel Wright sich ein Denkmal gesetzt. Die Gegend war durch jahrzehntelange Holzfällerei arg gebeutelt. Wright hat ihr in 30 Jahren Arbeit wieder zur alten Pracht verholfen. Obwohl man meinen könnte, die Natur hätte sich selbst geholfen, ist die Handschrift des Designers doch stets sichtbar.

Im Herbst, wenn die Blätter sich rot färben, kann es einem schon mal vorkommen, als würde die Welt in Flammen stehen.

Der Highway 100 teilt Vermont von Süd nach Nord praktisch in zwei Hälften. Für Biker vereint er zwei Vorteile in sich: Entlang seiner 320 Kilometer gibt es reichlich Sehenswertes, eine Quintessenz des Staates sozusagen, und dazu bietet er jede Menge Fahrspaß. Schließlich windet er sich durch die Berge Vermonts ebenso, wie er sich durch seine Täler schlängelt, vorbei an Farmhäusern und durch winzige Dörfer mit typischer New England-Architektur. Außerdem kommen Genießer würziger Gaumenfreuden hier auf ihre Kosten. Die Produkte aus kleinen Käsereien, wie etwa der Grafton Village Cheese Company oder der Cabot Farmers Creamery, sind ein Hochgenuß.

ROADBOOK 47

Streckenname:
Green Mountain Highway
Streckenlänge/Abstecher:
320 Kilometer/60 Kilometer
Verkehrsdichte/Zustand:
mittel bis hoch/gut
Motorrad-Reisezeit:
Juni bis Anfang Oktober

Die Attraktivität dieser Route ist nicht in einzelnen Punkten zu beschreiben. Es ist vielmehr die Fülle der interessanten Dinge, die einen Trip durch einen ganzen Bundesstaat, wenngleich einen kleinen, ausmacht. Als heimlicher Höhepunkt sei aber dieser Abstecher empfohlen: Bei Stowe, im Norden Vermonts, zweigt die Route 108 von der 100 ab. Die Mautstrecke führt fast bis auf die Gipfel von Mount Mansfield, der mit seinen 1339 Metern immerhin schon ein ausgewachsener Berg ist. Zwar muß der Gipfel zu Fuß erklommen werden, derlei Anstrengung wird aber mit der Aussicht auf den grandiosen Lake Champlain und die Adirondacks im Westen sowie New Hampshires White Mountains im Osten mehr als nur belohnt.

Stilecht reisen: mit Bikes durch den historischen Nordosten der USA.

White Mountain Road

Wenn wir schon bei den White Mountains sind, warum nicht für ein paar Tage auch dorthin fahren? Es soll sich lohnen. Immerhin stehen hier über 40 Mittelgebirgsgipfel mit mehr als 1300 Metern Höhe herum. Die White Mountains durchforstet man am besten über die Staatsstraßen 112 und 18. Sie führen an zahlreichen Aussichtspunkten und land-

Das Café zum Motorrad: In New York entstand das erste Harley-Davidson Café. Mittlerweile gibt es Dependancen des Themenrestaurants rund ums Biken in allen Teilen der USA, etwa in Las Vegas.

Faszination Big Apple: Die Lichter der Großstadt sind einfach anziehend. Dagegen kann man sich kaum wehren. Aber hoch zu Stahlroß ist der Biker wohl froh, wenn er den Straßenschluchten Manhattans (links) endlich entkommen kann.

Cape Cod Trail

ROADBOOK 48

Streckenname: White Mountain Road
Streckenlänge/Abstecher: 200 Kilometer/20 Kilometer
Verkehrsdichte/Zustand: gering bis mittel/befriedigend
Motorrad-Reisezeit: Juni bis Anfang Oktober

schaftlichen Besonderheiten vorbei. Zusammen mit der Straße zwängen sich kleine Flüsse, hin und wieder von einer „covered bridge" gekreuzt, durch enge, felsige Schluchten hindurch.

Das wilde, fast unberührte Land wird überragt vom Mount Washington, der in einer stattlichen Höhe von immerhin über 1900 Metern gipfelt. Weltberühmt ist er noch dazu: Dieser Berg macht sein eigenes Wetter. Stürmisch ist es immer, aber mit knapp 370 (!) km/h hält er den Windgeschwindigkeits-Weltrekord fürs Festland. Und dennoch: Die Fahrt über die „Auto Road" zum Gipfel ist ein Muß. Denn wo sonst gibt es schon eine Bergkuppe mit Gipfelstraße, Eisenbahnlinie, vier Hotels, einer Fernseh- und zwei Wetterstationen!

Da präsentiert sich die Küste New Englands naturgemäß ganz anders – aber nicht weniger spektakulär. Der berühmteste Zipfel am Atlantik ist wohl Cape Cod. Die dem Ozean zugewandte Seite der Halbinsel steht komplett unter Naturschutz, als Cape Cod National Seashore mit demselben

Country Roads: In Staaten wie Vermont und New Hampshire macht Motorradfahren mehr Spaß, als man auf den ersten Blick meint. Schmale, gewundene Landstraßen durchziehen die Region und sorgen für beschwingte Fahrt. Vorsicht ist allerdings angesagt: Sonst endet das Motorrad erst als Schrott, dann als Kunstwerk (links).

Das macht an: Solche dramatischen Ansichten von der Küste New Englands sind es, die man immer wieder genießen möchte. Sie tragen viel zum romantisierten Bild der Region bei. Und dazu, daß der Maine Lobster, seinem Ruf als vorzügliche Speise sei Dank, eine meist nur kurze Lebenserwartung hat (rechts).

Maine Coast Highway

ROADBOOK 49

Streckenname:
Cape Cod Trail (MA 6/6A)
Streckenlänge/Abstecher:
130 Kilometer/40 Kilometer
Verkehrsdichte/Zustand:
mittel bis sehr hoch/gut
Motorrad-Reisezeit:
Mai, Juni und September

Status wie ein Nationalpark versehen. Vom Festland aus schnörkeln sich der Highway 6A und später der 6 über die schmale Landzunge, die wie ein Widerhaken in den Atlantik hineinragt.

Der Cape Cod Trail beginnt mit einer Fahrt über die Sagamore Bridge. Der Highway 6A, in Anlehnung an koloniale Zeiten auch „Old Kings Highway" bezeichnet, ist der ruhige, ländlichere Weg zum Atlantik. Marschland umgibt ihn, vereinzelt stehen die typischen Cottages am Wegesrand. Von der Hektik seines parallel verlaufenden großen Bruders ist er verschont geblieben.

Schon Barnstaple Harbor ist einen Halt wert. Hier laufen Boote zu Walbeobachtungstouren aus. Yarmouth Port oder Dennis haben sich viel von ihrem historischen Charme erhalten. Am meisten aber wohl Chatham, zu drei Seiten von Wasser umgeben und so etwas wie das Ausstellungsstück für New England-Architektur, ein Modelldorf, das überall Nachahmer gefunden hat.

Das nördliche Ende der Sichel markiert Provincetown. Hier ist immer was los: Nachtleben und Infrastruktur wie eine brummende City, dabei aber relaxt und von kleinstädtischem Charme. Gegen Ende des 19. Jahrhunderts war der Ort Heimat einer der größten Walfängerflotten am Atlantik. Heute laufen nur noch die Touristenboote zum „whale watching" aus. Hier war es, wo die Pilgerväter erstmals an Land gingen, bevor sie nach Plymouth weitersegelten. Ein 75 Meter hoher Turm erinnert an diesen wichtigen Moment in der Entstehungsgeschichte der Vereinigten Staaten. Von seiner Spitze genießt man außerdem einen wunderbaren Rundumblick über die Küste, Cape Cod und den Atlantik.

Auf den Spuren der Pilgerväter: Im Open Air Museum von Plymouth Plantation, einst die erste Kolonie auf amerikanischem Boden, werden heute Szenen aus jenen Gründertagen nachgestellt.

Im Sommer ist das Kap aber völlig überlaufen. Dann macht das Motorradfahren hier wirklich keinen Spaß mehr. Als Faustregel gilt: Zwischen dem 4. Juli (Unabhängigkeitstag) und Labor Day (erstem Montag im September) ist das Gebiet zu meiden. In den übrigen Zeiten sind die „locals" meist unter sich, bis auf die Wochenenden, versteht sich. Dann fallen hier die Bostonians ein.

Viel ruhiger geht es auf der letzten unserer 50 Routen zu. Der maritime Highway 1 mäandert die Küste von Maine entlang, die in ihrem rauhen Charme zu den schönsten der Welt gehört. Noch

Maritime Lektion: Mystic Seaport in Connecticut ist ein Freilichtmuseum zur Siedlungsgeschichte.

besser lassen sich die felsigen Ufer an stillen Buchten aber von den kleinen Straßen zweiter und dritter Kategorie genießen, die häufig genug als Sackgasse am wild tosenden Atlantik enden.

Felsig ist die Küste und harsch, nur selten von sandigen Buchten unterbrochen. Der Atlantik tost unaufhörlich an die Klippen, eine einzigartige Rausch-Symphonie kreierend. Auf den 480 Kilometern mit unzähligen Abstechern kann man sich genüßlich austoben: Zahlreiche State Parks laden hier zum Verweilen ein; runter vom Motorrad, weiter geht es zu Fuß! Während der kurzen Sommersaison sind Reservierungen angeraten. Die touristische Infrastruktur ist an der nur dünn besiedelten Küste nicht gerade ausgeprägt.

Ist man schon einmal so weit in den Nordosten vorgedrungen, immerhin ist Kanada nicht mehr weit, dann darf ein Besuch im Acadia National Park keinesfalls fehlen. Der bessere Teil von Mount Desert Island steht unter Naturschutz. Von Bar Harbor aus darf man sich auf eine kurvenreiche Auffahrt zum Cadillac Mountain freuen, von Null auf 466 Meter in wenigen Meilen. Die Aussicht ist berauschend.

ROADBOOK 50

Streckenname:
Maine Coast Highway (U.S. 1)
Streckenlänge/Abstecher:
480 Kilometer/200 Kilometer
Verkehrsdichte/Zustand:
gering/befriedigend
Motorrad-Reisezeit:
Mai bis Anfang Oktober

Ein 30 Kilometer langer Abschnitt der Parkstraße ist nur in eine Richtung geöffnet: von Bar Harbor nach Süden bis kurz vor Seal Harbor. Der Rest läßt sich in jede Richtung befahren, was man denn auch auskosten sollte. Straße und Landschaft sind ein Genuß für jeden, der ein Auge dafür hat.

Barrow
Brooks Range
400 km
ALASKA
Yukon
(USA)
Denali N. P.
Fairbanks
Mount McKinley
6193
Anchorage
Alaska Range
Aleutian Range
KANADA
GOLF VON ALASKA
Saskatoon
Calgary
Vancouver
Rocky Mountains
Olympic N. P.
North Cascades N. P.
Seattle
Olympia
WASHINGTON
Mount Rainier
4392
Mt. Rainier N. P.
Mount St. Helens
2549
Glacier N. P.
US 2
Fort Peck Lake
Missouri
Portland
Helena
IDAHO
Bitterroot Range
MONTANA
Theodore Roosevelt N. P.
Salem
Cascade Range
OREGON
US 101
US 20
Boise
Yellowstone N. P.
Grand Tetons N. P.
Devils Tower N. M.
Mt. Rushmore N. M.
Wind Cave N. P.
Crater Lake N. P.
Columbia Plateau
WYOMING
Redwood N. P.
US 93
Lassen Volcanic N. P.
Sierra Nevada
Great Salt Lake
Platte
Muir Woods N. M.
Reno
Sacramento
Great Basin
Carson City
Salt Lake City
Great Salt Lake Desert
Cheyenne
Rocky Mountains N. P.
San Francisco
Mono Lake
NEVADA
UTAH
US 50
Denver
Yosemite N. P.
Capitol Reef N. P.
Arches N. P.
COLORADO
PAZIFISCHER
Zion N. P.
Canyonlands N. P.
Mount Whitney
4421
Death Valley N. P.
Bryce Canyon N. P.
US 101
Las Vegas
Colorado
Mesa Verde N. P.
Sequoia und Kings Canyon N. P.
CALIFORNIA
Lake Mead
Grand Canyon N. P.
Painted Desert
Santa Fe
Route 66
OZEAN
Los Angeles
Route 66
Joshua Tree N. P.
Sunset Crater N. M.
Petrified Forest N. P.
NEW MEXICO
Salton Sea
San Diego
Phoenix
ARIZONA
White Sands N. M.
Carlsbad Caverns N. P.
Saguaro N. P.
Organ Pipe Cactus N. M.
El Paso
Guadalupe Mountains N. P.
Rio Grande
Big Bend N. P.
GOLF VON KALIFORNIEN
MEXI
Kauai
Niihau
Oahu
Honolulu
Molokai
Maui
Lamai
Kahoolawe
HAWAII
PAZIFISCHER
OZEAN
Hawaii
Hawaii Volcanoes N. P.
150 km
400 km

KANADA
USA
ATLANTISCHER
OZEAN
GOLF VON MEXIKO
BAHAMAS
KUBA
NORTH DAKOTA
MINNESOTA
WISCONSIN
MICHIGAN
IOWA
ILLINOIS
INDIANA
OHIO
PENNSYLVANIA
NEW YORK
VERMONT
NEW HAMPSHIRE
MAINE
MASSACHUSETTS
RHODE ISLAND
CONNECTICUT
NEW JERSEY
DELAWARE
MARYLAND
WASHINGTON D.C.
WEST VIRGINIA
VIRGINIA
KENTUCKY
TENNESSEE
NORTH CAROLINA
SOUTH CAROLINA
GEORGIA
FLORIDA
ALABAMA
MISSISSIPPI
LOUISIANA
ARKANSAS
MISSOURI
KANSAS
OKLAHOMA
EBRASKA
OUTH DAKOTA
Bismark
Pierre
St. Paul
Madison
Chicago
Lansing
Detroit
Cleveland
Columbus
Indianapolis
Springfield
Des Moines
Lincoln
Topeka
Jefferson City
St. Louis
Frankfort
Charleston
Nashville
Memphis
Little Rock
Oklahoma City
Dallas
Austin
Houston
San Antonio
Baton Rouge
New Orleans
Jackson
Montgomery
Atlanta
Columbia
Raleigh
Richmond
Washington
Annapolis
Dover
Philadelphia
Trenton
New York
Hartford
Providence
Boston
Concord
Montpelier
Augusta
Albany
Toronto
Ottawa
Montreal
Savannah
Jacksonville
Tallahassee
Orlando
St. Petersburg
Naples
Miami
Key West
Lake Superior
Lake Michigan
Lake Huron
Lake Erie
Lake Ontario
Lake Oahe
Isle Royale N.P.
Voyageurs N.P.
Acadia N.P.
Great Smoky Mts. N.P.
Shenandoah N.P.
Everglades N.P.
Appalachian Mountains
Appalachian Trail
Cape Hatteras
Cape Fear
Great River Road
Route 66
US 20
US 50
US 83
Mississippi
Missouri
Minnesota
Red
Alabama

Register

Eine Produktion des
Bruckmann-Teams, München
Herausgeberin: Lixi Laufer, München
Konzeption (verantwortlich)
und Redaktionsleitung:
Stephan Fennel, Radevormwald
Lektorat: Uta Siebel
Umschlaggestaltung: Stephan Fennel
Layout-Entwurf / Bildredaktion:
Achim Münster
DTP-Produktion:
Achim Münster / Stephan Fennel
Lithographie: Pre Print Center, Köln-Porz
Herstellung: Peter Schneider
Kartografie: Theiss Heidolph,
Computerkartographie / Computergrafik,
Eching am Ammersee

Die Deutsche Bibliothek –
CIP-Einheitsaufnahme
Die schönsten Highways der USA /
[Hrsg.: Lixi Laufer. Autor: Stephan Fennel.
Mitarb.: Christopher Fennel]. – München :
Bruckmann 1999 ISBN 3-7654-3481-7

Gesamtherstellung: Bruckmann, München
ISBN 3-7654-3481-7

Autor: Stephan Fennel
Mitarbeiter des Autors:
Christopher Fennel
(Tourenbegleiter USA)

Bildnachweise:
Cuise America: 118/119.
Eagle Rider Motorcycle Rental: Titelleiste (1).
Stephan Fennel: Titel (großes Bild), Titelleiste (5), 4, 5, 6/7, 8/9, 10/11, 12/13, 18/19, 20/21, 28/29, 30 (3) 30/31, 32/33, 34, 35, 36, 38/39. 39, 40, 41, 43 (2), 44, 44/45, 46, 47, 48/49, 50 (2), 52, 53, 55, 56, 57, 58, 58/59, 60/61, 63, 70, 72, 73, 74/75, 78, 78/79, 80, 82, 84 (3), 85 (2), 86/87, 87, 89, 90, 90/91, 99, 101, 107, 128.
Rainer Großkopf: 14/15, 22/23, 30, 64/65, 66, 68 (2), 71 (2), 110, 111, 112/113, 116, 116/117, 118, 120/121, 122, 123.
Lixi Laufer: 1, 2/3, 4 (2), 4/5, 5 (3), 16/17, 30, 36, 62, 69, 98/99, 100 (2), 106, .
Claus-Georg Petri: 104/105.
Anton Sacher: 105, 116.
Max Schmid: 24/25, 92/93, 94, 96, 108/109, 115.
Oluf Zierl: 26/27, 30, 76/77, 77, 97, 102, 102/103.

Alle Angaben dieses Werks wurden vom Autor sorgfältig recherchiert und auf den aktuellen Stand gebracht sowie vom Verlag auf Stimmigkeit überprüft. Für die Richtigkeit der Angaben kann jedoch keine Haftung übernommen werden.
Für Hinweise und Anregungen sind wir jederzeit dankbar. Bitte richten Sie diese an:
Bruckmann Verlag, Lektorat,
Nymphenburger Str. 86, 80636 München.
Die Reihe „Bruckmanns Motorrad Reisen" entsteht in Zusammenarbeit mit der Zeitschrift **REISE MOTORRAD/**`ride on!`, die vierteljährlich in der Lila Publishing Verlags GmbH, München, erscheint.
Telefon (0 89) 62 17 99-0,
Internet: www.reisemotorrad.de

Gesamtverzeichnis gratis:
Bruckmann Verlag,
Nymphenburgr Str.88, 80636 München
Internet: www.bruckmann.de